Gesetz,

die Fortsetzung der Grundentlastung betr.,

vom 2. Februar 1898

nebst den Novellen vom 12. Dezember 1899 und 10. August 1904, den wichtigsten Ministerial-Bekanntmachungen und Entschließungen, sowie Formularen.

Erläutert von

Ludwig Yblagger,

k. Rentamtmann in Eichstätt.

München,

J. Schweitzer Verlag (Arthur Sellier)

1905.

Vorwort.

Das Gesetz vom 2. Februar 1898 soll den Schlußstein zu der mit dem Gesetze vom 4. Juni 1848 begonnenen Grundentlastung in Bayern bilden.

Dieses Gesetz ging von dem Grundsatze aus, daß die vollständige Beseitigung der Bodenzinse durch eigene Leistungen der Pflichtigen erfolgen soll und daß dieselbe in das Belieben des Pflichtigen gestellt sei. Es bestand keinerlei Tilgungszwang.

Namentlich letzteres muß als entschiedener Fehler bezeichnet werden. Wären im Jahre 1848 sogleich Zwangsannuitäten eingeführt worden, so wäre die Grundentlastung heute vollendet.

Zwar wurde bezüglich der Ablösungskassa nach 24 Jahren mit Gesetz vom 28. April 1872 vom Jahre 1876 zwangsweise Tilgung eingeführt, allein abgesehen davon, daß schon über ¼ Jahrhundert verloren war, wurde auch diesmal die obligate Tilgung auf die Staatskasse nicht ausgedehnt. Gleichwohl aber darf man die Schuld daran, daß in Bayern im Verhältnisse zu andern deutschen Staaten die Grundentlastung noch zurück steht, nicht allein dem Staate beimessen. Ein großer Teil der Schuld entfällt auf die Pflichtigen, welche sich die Vorteile des Gesetzes vom Jahre 1848 nicht zunutze machten.

Es wurden Ueberweisungstermine versäumt, keine Annuitäten errichtet, die Annuität nicht regelmäßig entrichtet; so ergab sich mit der Zeit die dringende Notwendigkeit eines weiteren Gesetzes zur definitiven Beseitigung der Grundlasten.

Hieraus entstand das Gesetz vom 2. Februar 1898. Dieses Gesetz bedeutet einen mächtigen Schritt nach vorwärts.

Die Bodenzinse werden nicht nur ermäßigt, sondern die Amortisation erfolgt auch unabhängig von der Einwilligung der Pflichtigen durch den Staat und zwar bezüglich der Staatskassazinse voraussichtlich bis zum Jahre 1957 und bezüglich der Ablösungskassabodenzinse bis 1942.

Es unterliegt keinem Zweifel, daß die Grundentlastung von hoher sozialer Bedeutung ist und daher rechtfertigen sich auch die Opfer, welche der Staat hiefür gebracht hat.

Nachstehend soll eine kurze Uebersicht der Leistungen des bayerischen Staates für die Grundentlastung seit dem Jahre 1898 gegeben werden.

Die Verminderung der Bodenzinse um jährlich ½% bedeutete im Jahre 1898 bei einem Jahressoll von rund 13½ Millionen einen Nachlaß von 1 500 000 Mk. pro Jahr. Außerdem wurde für die Staatskassabodenzinse ein Amortisationsfond von rund 2 000 000 Mk. geschaffen.

Für die Tilgung der Ablösungskassabodenzinse leistete der Staat in der XXV. mit XXVI. Finanzperiode zusammen 2 678 400 Mk., überdies wurden für Nachlässe bei freiwilligen Ablösungen 3 000 000 Mk. aus Erübrigungen früherer Finanzperioden bewilligt.

Hierzu kommen noch seit 1899 jährlich 1 000 000 Mk. für Bodenzinsnachlässe und Nachlässe bei freiwilligen Ablösungen. Hiernach hat der bayerische Staat seit dem Jahre 1898 über 42 000 000 Mk. für Grundentlastung aufgewendet. Hiermit sind aber die Opfer des bayerischen Staates nicht abgeschlossen. Es ist bis zum Jahre 1942 alljährlich die Tilgungsquote zur Ablösungskassa aus allgemeinen Staatsmitteln zu erlegen. Es ist der durch die Reduktion der Bodenzinse bedingte Einnahmeausfall zu tilgen. Es sind nach dem Gesetze vom 12. Dezember 1899 fortlaufend alljährlich 1 000 000 Mk. außerordentliche Bodenzinsnachlässe und Nachlässe bei freiwilligen Ablösungen herbeizuschaffen. Das sind bedeutende Leistungen der Staatsgesamtheit für einen Stand derselben.

Weiter kann namentlich gegenwärtig, soll nicht das Staatsinteresse geschädigt werden, nicht gegangen werden.

Insbesonders muß die immer wiederkehrende Forderung auf sofortige Beseitigung aller Bodenzinse als vollkommen unhaltbar bezeichnet werden.

Der einzig gangbare Weg ist der der allmählichen Amortisation. Vielleicht ergibt sich in Zukunft die Möglichkeit, hier durch Zuschüsse zum Amortisationsfond die Tilgung zu beschleunigen. Dies wäre zwar zu erwünschen, wenn es auch jetzt nicht recht wahrscheinlich ist.

Zum Gesetze sind während seines nunmehr siebenjährigen Bestehens zwei Novellen vom 12. Dezember 1899 und 10. August 1904 ergangen, es wurden zahlreiche Vollzugsbestimmungen erlassen. Der Vollzug des Art. 19 hat eine Reihe von oberstrichterlichen Entscheidungen veranlaßt. Es hat sich auch namentlich bezüglich der Bodenzinsnachlässe und Nachlässe an Bodenzinskapitalien eine bestimmte Praxis ausgebildet. Hiernach unterliegt es keinem Zweifel, daß die von dem inzwischen verstorbenen Herrn Regierungsdirektor Fahrmbacher im Jahre 1898 verfaßte Ausgabe des Gesetzes nicht mehr genügen dürfte. Die übersichtliche Zusammenstellung des gesamten Materials erweist sich als ein dringendes Bedürfnis nicht bloß für die mit dem Vollzuge des Gesetzes betrauten Behörden, sondern auch für die übrigen interessierten Kreise.

Diesem Bedürfnisse soll das vorliegende Werkchen entgegenkommen.

Da namentlich den Privatkreisen die amtlichen Blätter sehr wenig zugänglich sind und auch für die Vollzugsbehörden das zeitraubende Aufsuchen der in mehrere Jahrgänge der amtlichen Blätter zerstreuten Vollzugsvorschriften sich sehr lästig erweist, wurden die wichtigsten hievon als Beilagen angefügt.

Möge das Büchlein zum Verständnisse und zur Erleichterung des Vollzuges des Gesetzes einen kleinen Beitrag leisten.

Eichstätt, Lichtmeß 1905.

Der Verfasser.

Inhalt.

I. Abschnitt. Die Bodenzinse der Privaten, Stiftungen und Gemeinden.

II. Abschnitt. Die Bodenzinse der Staatskasse.

III. Abschnitt. Die Bodenzinse der Grundrenten-Ablösungskasse.

IV. Abschnitt. Gemeinsame Bestimmungen.

Anhang.

I. Bekanntmachungen und Ministerialentschließungen.

II. Formulare.

Abkürzungen

AG. = Ausführungsgesetz
BayHypG. = Bayerisches Hypothekengesetz
BayLR. = Bayerisches Landrecht
BaySO. = Bayerische Subhastationsordnung
BGB. = Bürgerliches Gesetzbuch
EG. z. BGB = Einführungsgesetz zum Bürgerlichen Gesetzbuch
FinG. = Finanzgesetz
FMBl. = Finanzministerialblatt
FMEntschl. = Finanzministerialentschließung
GBO. = Grundbuchordnung
GeschAnw. = Geschäftsanweisung
GewO. = Gewerbeordnung
GVBl. = Gesetz- und Verordnungsblatt
GVG = Gerichtsverfassungsgesetz
JMEntschl. = Justizministerialentschließung
KABhdl. = Verhandlungen der Kammer der Abgeordneten
KRRVhdl. = Verhandlungen der Kammer der Reichsräte
MABl. = Amtsblatt des Staatsministeriums des Innern
MEntschl. = Ministerialentschließung
OLG. = Oberlandesgericht
PrLR. = Preußisches Landrecht
StFNR. = Staatsfondsnebenrechnung.
StPO. = Reichsstrafprozeßordnung
UeGG z BGB. = Gesetz, Uebergangsvorschriften zum Bürgerlichen Gesetzbuch betr. v. 9. Juni 1899
VerfBeil. = Beilage zur Verfassungsurkunde
VerfUrk. = Verfassungsurkunde
VGH. = Verwaltungsgerichtshof
VO. = Verordnung
VollzugsBek. = Vollzugsbekanntmachung
ZPO. = Zivilprozeßordnung
ZVG. = Reichsgesetz über die Zwangsversteigerung und Zwangsverwaltung.

Gesetz vom 2. Februar 1898,

die

Fortsetzung der Grundentlastung betr.

(GVBl. 1898 S. 19.)

Im Namen Seiner Majestät des Königs.

Luitpold,

von Gottes Gnaden Königlicher Prinz von Bayern,

Regent.

Wir haben nach Vernehmung des Staatsrates, mit Beirat und Zustimmung der Kammer der Reichsräte und der Kammer der Abgeordneten, und zwar bezüglich der Art. 1 und 5 unter Beobachtung der in Tit. X § 7 der Verfassungsurkunde vorgeschriebenen Formen, beschlossen und verordnen, was folgt*):

I. Abschnitt.

Die Bodenzinse der Privaten, Stiftungen und Gemeinden.

Art. 1.

Die im Eigentume von Privaten, Stiftungen und Gemeinden befindlichen Grundgefälle, welche wegen Versäumung der in Art. 2 und 3 des Gesetzes vom 28. April 1872, die Grundentlastung betreffend, bestimmten Fristen von der Uebernahme auf die Ablösungskasse des Staates ausgeschlossen wurden, und zwar sowohl die ständigen Gefälle als die nach Art. 15 Abs. 4 oder Art. 29 des Gesetzes vom 4. Juni 1848, die Aufhebung der standes- und gutsherrlichen Gerichtsbarkeit, dann die Aufhebung, Fixierung und Ablösung der Grund-

*) Die Beobachtung der Gesetzesform nach Tit. X § 7 der VerfUrk. war wegen des in Art. 1 und 5 vorgesehenen Ueberweisungszwanges geboten.

lasten betreffend, konstituierten Bodenzinse werden auf Verlangen der Berechtigten oder der Pflichtigen nach Maßgabe der in den folgenden Art. 2 mit 5 enthaltenen Bestimmungen von der Staatskasse übernommen.[1])

Für jene Bodenzinse, welche nach Art. 37 des Gesetzes vom 4. Juni 1848 oder nach Art. 10 und 11 des Gesetzes vom 28. April 1872 bereits in der Tilgung begriffen sind, ist vor der Ueberweisung das noch bestehende Restkapital mit dem hieraus sich ergebenden Bodenzinse zu berechnen.

Die Bestimmung in Abs. 1 findet auch Anwendung auf die im Vollzuge von Tit. I Kap. 3 des Ediktes über die Lehen-Verhältnisse im Königreiche Bayern vom 7. Juli 1808 entstandenen Lehenbodenzinse. Mit dem Uebergange dieser Bodenzinse an die Staatskasse erlischt die Befugnis der Pflichtigen, die Leistung eines Steuerbeitrages gemäß Art. 2 Abs. 1 des Gesetzes vom 28. März 1852, die §§ 4 und 117 des Grundsteuergesetzes vom 15. August 1828 betreffend, beziehungsweise Art. 11 Ziff. 3 des Gesetzes vom 19. Mai 1881, einige Abänderungen an den Gesetzen über die allgemeine Grund- und Haussteuer betreffend, in Anspruch zu nehmen.

1. Vgl. VollzugsBek. v. 4. Febr. 1898 Ziff. 1 u. 2 FMBl. S. 9.

2. Zur Zeit des Erlasses des Gesetzes v. 2. Febr. 1898 waren etwa noch rund 620000 Mk. Grundrenten im Privatbesitze.

3. Grundgefälle sind Abgaben, welche in dinglicher Weise auf bestimmten Grundstücken ruhen und aus einem vormaligen Guts-, Gerichts-, Grund-, Zinslehen oder Zehentlichen Verhältnisse stammen (vgl. Edikte v. 28. Juli 1808 RegBl. S. 1834, 16. Aug. 1818 RegBl. S. 1505, Vrf. Beil. VIII GBl. S. 212, BayLR. I Teil IV Kap. 7, PrLR. T. II Kap. 7, Stengel, Grundentlastung S. 25 u 173).

Im Gegensatze zu denselben stehen die aus anderen Rechtsverhältnissen stammenden Abgaben der Grundbesitzer, insbesondere die Reichnisse an Kirchen, Pfründen, Schulstellen, Kirchendiener ꝛc., auch wenn sie dinglicher Natur sind (Komplexlasten). Diese waren von der Uebernahme ausgeschlossen. Ihre Ablösung wird durch ein künftiges Gesetz geregelt werden (vgl. KRKVhdl. 1897/8 Beil Bd. VII 469 u. 497, Steub. Bd. VI S. 527, Bd. VII S. 44, KAVhdl. 1897/8 Sten.Ber. Bd. XII S. 34, 1076 Beil. Bd. XII S. 1, 350, 415 u. 445 f, MEntschl. v. 5. Mai 1849, Weber Bd. VI S. 31, Entsch. d. VGH. Bd XI 310).

Von den Grundgefällen waren von der Uebernahme ausgeschlossen:

a. Die nicht fixierten, die in ständige jährliche Reichnisse umgewandelten Gefälle.

b. Alle Bodenzinse und Grundgefälle, für welche bereits ein bestimmtes Ablösungskapital rechtskräftig festgesetzt war, z. B.

Geld-, Kornbodenzinse, Maierschaftsfristen (vgl. Allerh. VO. v. 1. Febr. 1808 RegBl. S. 450; Mandat v. 3. Mai 1796 Döll. Bd. IV S. 332).

c. Die Handlohnsäquivalente, weil sie keine ständigen Reichnisse sind (Mot. Beil. Bd. 1897/8, XIV S. 479).

d. Die Ehehaftsreichnisse und die Bodenzinse nach Art. 27 der Gemeindeordnung (zu a—d vgl. FMEntschl. v. 12. April 1898, Beil. I).

4. Bodenzinse sind die Geldzinse aus den an Stelle der fixierten Grundgefälle bestimmten Ablösungskapitalien.

Ist z. B. ein Grundgefälle auf 20 fl. jährlich fixiert und im 18-fachen Betrage für ablösbar erklärt worden, und hierauf ein Kapital von 360 fl. als Ablösungssumme bestimmt, so ist der 4%ige Zins daraus ein Bodenzins.

5. Waren die Bodenzinse bereits in Tilgung, so mußte vor der Ueberweisung das Restkapital berechnet werden. Erst der Zins aus letzterem konnte überwiesen werden (Vollzugs-Bek. v. 4. Febr 1898 FMBl. S. 10).

6. Von der unter 3b aufgestellten Regel wurde zugunsten der Lehenbodenzinse eine Ausnahme gemacht; sie konnten, obwohl für sie bereits ein Ablösungskapital bestellt war, dennoch überwiesen werden. Es kommen aber nur die Lehenbodenzinse nach dem Edikte vom 7. Juli 1808 in Frage, nicht die Bodenzinse nach dem Lehenallodifikationsgesetze vom 4. Juni 1848, welche übrigens zum größten Teile Staatskassabodenzinse sind.

Mit der Uebernahme der Lehenbodenzinse auf den Staat wäre auch die bisher dem Berechtigten gemäß Ges. v. 28. März 1852, bzw. Art. 11, Ziff. 1 des Ges. v. 19. Mai 1881 obliegende Steuerbeitragspflicht auf den Staat übergegangen. In Anbetracht der den Pflichtigen durch die neue Ueberweisung gebotenen großen Vorteile wurde jedoch dieser Uebergang ausdrücklich beseitigt.

7. Nachdem die Bodenzinse der Ablösungskasse bereits in Tilgung begriffen waren, wurde zur Vermeidung doppelter Tilgungsperioden, und um die für das Jahr 1942 in Aussicht genommene Aufhebung der Ablösungskasse nicht weiter verschieben zu müssen, direkte Ueberweisung auf die allgemeine Staatskasse vorgezogen.

8. Ueber das Verfahren bei der Ueberweisung der Grundgefälle, Prüfung, Umwandlung in Bodenzins, Bezahlung der Ablösungssummen vgl. Ziff. 3—9 VollzugsBek. v. 4. Febr. 1898 FMBl. S. 9 u. ff.

Art. 2.

Die Uebernahme ist bis 1. Juni 1898 bei jenem Rentamte, in dessen Bezirke die belasteten Grundstücke liegen, unter Vorlage eines nach den Anordnungen des k. Staatsministeriums der Finanzen herzustellenden Verzeichnisses zu beantragen.

Gefälle, für welche bis zum genannten Tage die Uebergabe des in Abs. 1 erwähnten Verzeichnisses nicht stattgefunden hat, bleiben von der Uebernahme ausgeschlossen.

1. Der Ueberweisungsantrag konnte vom Pflichtigen und vom Berechtigten gestellt werden.

Der Pflichtige konnte der Ueberweisung nicht widersprechen; er konnte aber auch dieselbe vom Berechtigten verlangen und erzwingen (Art. 1).

Ging die Ueberweisung vom Pflichtigen aus, so mußte der Berechtigte das hiezu nötige Material stellen. Diese Pflicht konnte gemäß § 387 ZPO. erzwungen werden.

2. Der Antrag mußte bei jenem Rentamte gestellt werden, in dessen Bezirk die pflichtigen Grundstücke lagen.

3. Aeußerster Termin zur Abgabe war der 1. Juli 1898. Wiedereinsetzung gegen die Versäumung nicht zulässig.

Art. 3.

Von der Uebernahme sind jene Grundgefälle ausgeschlossen, deren Einbringbarkeit gefährdet ist. Ob dies der Fall ist, darüber entscheidet endgültig das k. Staatsministerium der Finanzen.

Die Einbringlichkeit der Gefälle kann gefährdet sein wegen Zweifelhaftigkeit ihres Rechtsbestandes oder wegen ungenügender Sicherung.

Die Würdigung dieser Frage hatte das K. Staatsministerium der Finanzen, welches überhaupt endgültig über die Uebernahme entschied; gegen den ministeriellen Entscheid gab es kein Rechtsmittel, höchstens war Gegenvorstellung zulässig (vgl. Ziff. 5 VollzugsBek. v. 4. Febr. 1898).

Art. 4.

Die von der Staatskasse übernommenen Grundgefälle, für welche ein Bodenzinskapital noch nicht bestellt ist, sind gemäß Art. 28 des Gesetzes vom 4. Juni 1848 in Bodenzins umzuwandeln und gleich den übrigen auf Grund gegenwärtigen Gesetzes von der Staatskasse übernommenen Bodenzinsen erstmals an dem nächsten, der Ueberweisung folgenden Verfalltermine an das einschlägige Rentamt zu entrichten.

Sollten die Grundrenten für das Jahr 1898 schon vor der Ueberweisung verfallen gewesen und vom bisherigen Berechtigten eingehoben worden sein, so hat der Letztere die auf die Zeit vom 1. Januar 1898 bis zum Verfalltermine treffenden Raten an das Rentamt zu vergüten.

Die Umwandlung der fixierten Grundgefälle in Bodenzins erfolgt durch Multiplikation des fixierten Jahresbetrages mit 18, Berechnung des $3^1/_2$%igen Zinses aus dem sich hiernach ergebenden Kapitale und Anerkennung seitens der Pflichtigen.

Da fast die sämtlichen Bodenzinse des Staates mit ganz geringen Ausnahmen am 15. November (altes Ziel Martini) fällig waren, so waren die Verfallstermine aller übernommenen Bodenzinse auf diesen Termin zu verlegen und etwaige Differenzen waren durch Ersatz seitens des bisherigen Berechtigten zu begleichen (vgl. Ziff. 6, Vollzugs-Bek. v. 4. Febr. 1898).

Zu erwähnen ist, daß bei allen Bodenzinsen Nachzahlung besteht, wie überhaupt regelmäßig bei allen Kapitalsverzinsungen.

Art. 5.

Für die zur Uebernahme auf die Staatskasse gelangenden Grundgefälle vergütet die Staatsschuldentilgungsanstalt den Berechtigten den achtzehnfachen Betrag des fixen, jährlichen Gefälles oder, soweit es sich um Bodenzinse handelt, den den übernommenen Bodenzinsen entsprechenden Kapitalbetrag, in beiden Fällen nach Abzug von 2 Prozent als Entschädigung für die Verwaltungskosten.

Die Leistung der Vergütung erfolgt in Schuldverschreibungen des $3^1/_2$ prozentigen allgemeinen Anlehens und, insoweit der Betrag sich in diesen Schuldverschreibungen nicht ausgleichen läßt, in barem Gelde; außerdem werden $3^1/_2$prozentige Ratenzinse vom 1. Januar 1898 an vergütet.

Der k. Staatsminister der Finanzen wird ermächtigt, zum Zwecke der Beschaffung der Mittel für die in barem Gelde zu leistenden Vergütungen ein auf die Staatsfonds zu versicherndes Anlehen aufzunehmen.

Für die nicht in Bodenzins umgewandelten Gefälle vergütet der Staat den 18fachen Jahresbetrag, für die Bodenzinse das Ablösungskapital, jedoch nicht über den 18fachen Betrag des fixierten Gefälles hinaus (vgl. Stengel, Grundentlastung S. 67).

Als Bodenzinse kommen im Hinblick auf Ziff. 1 Abs. 2 und Art. 22 des Ges. v. 4. Juni 1848 nur die nach dem Jahre 1848 konstituierten Handlohnsbodenzinse und die Lehenbodenzinse nach Edikt v. 7. Juli 1808 in Frage (siehe Anm. zu Art. 1).

Der Staat vergütet im Gegensatz zur Uebernahme im Jahre 1848 nur mehr genau so viel, als er selbst vom Pflichtigen beansprucht.

Es wird also kein Vorteil für die Ueberweisenden gewährt, was mit Rücksicht auf die bedeutenden Opfer, welche der Staat für die Pflichtigen bringt, ganz gerechtfertigt war und seine gesetzliche Begründung in Art. 23 des Ges. v. 4. Juni 1848 hat.

Auch die Verzinsung der Ablösungsschuldbriefe konnte mit Rücksicht auf die Ermäßigung der Bodenzinse auf 3½% nicht höher als auf 3½% festgesetzt werden.

Die Bezahlung erfolgte in Grundrentenablösungsschuldbriefen zu 3½% zum Nominalwert mit entsprechendem Barzuschuß. Die Verzinsung der Ablösungssumme begann ab 1. Januar 1898.

Art. 6.

Die auf Grund der vorstehenden Bestimmungen von der Staatskasse übernommenen Grundgefälle stehen in allen rechtlichen Beziehungen den seitherigen Bodenzinsen der Staatskasse gleich.

Ueber die rechtlichen Beziehungen der Grundgefälle des Staates ist zu erwähnen:

I. Zeit bis zur Grundbuchanlage.

1. Art. 29 Abs. 2 des Ges. v. 4. Juni 1848, Art. 17 des Ges. v. 28. April 1872, Gesetzbl. 1871/2 S. 349 rc.

Dieselben bestimmen dingliche Haftung der Grundstücke für die Ablösungskapitalien, Zinsen und Annuitäten und überdies persönliche Haftung des Besitzers und Besitznachfolgers für alle Rückstände (vgl. Stengel, Grundentlastung § 16 S 141.

2. Art. 46 Abs. 1 des UeGG. z. BGB., welcher die Bodenzinse schon ab 1. Januar 1900 den Bestimmungen der §§ 1107—1111 des BGB. unterstellt, unbeschadet der nach Art. 29 des Gesetzes v. 4. Juni 1848, Art. 15 und 17 Abs. 3 des Ges. v. 28. April 1872 getroffenen Bestimmungen (vgl. Henle-Schneider AG. z. BGB. S. 478)

3. Art. 50 UeGG. mit § 12 Ziff. 3 und 4 des BayHypG. welcher für Rückstände an Bodenzinsen ges. Hypothektitel im bisherigen Umfange jedoch nach Maßgabe des Art. 123 des AG z. BGB. gewährt (vgl. Henle-Schneider AG. z. BGB. S. 490).

Die in Anm. 1 zu 163 daselbst erwähnte Beschränkung der Hypothektitel auf die Abgabenrückstände für die letzten zwei Jahre vor der Eintragung dürfte nicht haltbar sein, denn Art. 46 Abs 2 erhält ausdrücklich die bisher bestehenden Sondervorschriften aufrecht und § 12 Ziff. 4 BayHypG. kannte eine solche Beschränkung nicht (vgl. Gütl-Henle, HypG. Anm. 4 S. 12).

4. § 22 Ziff. 5 des BayHypG. in der Fassung des Gesetzes vom 29. Mai 1886 befreit die Bodenzinse des Staates und der Ablösungskasse vom Eintrag in das Hypothekenbuch mit Ausnahme der Lehen- und Weiderechts-Bodenzinse, sowie der Geld- und Kornbodenzinse aus Staatsgüterveräußerungen (Gütl-Henle Anm. 9 z. § 22 S. 20.) Ziff. 1 d. FMEntschl. v. 3. Juli 1886, FMBl. S. 164.

5. Art. 108 u. 151 der BaySO. gewähren für die Zwangsversteigerung und bzw. Zwangsverwaltung Vorrechte 1. Klasse, jedoch nur für die Zeit von der Beschlagnahme bis zum Zuschlag, sowie für das zu dieser Zeit laufende und die beiden vorhergehenden Kalenderjahre.

6. Art. 124 u. 127 AG. z. BGB. regeln die Verjährung in 3 Jahren nach Feststellung bzw. Verfall (vgl. Henle-Schneider AG. z. BGB. S. 193).

II. Zeit nach der Grundbuchsanlage.

Als maßgebende Gesetzesbestimmungen kommen in Frage:

Art. 184 EG. z. BGB., Art. 123 (Hypothektitel, Sicherungshypothek), 124 (Verjährung), 128 (Befreiung v. Grundbuchseinträgen), 141 u. 163 (Rangvorrechte) AG. z. BGB., § 10 d. ZVG. v. 24. März 1897.

Die Rechte und bzw. Vorzugsrechte bleiben jedoch gemäß Art. 184 d EG. z. BGB. dieselben, insbesondere bleibt das in Art. 108 u. 183 BayGO gewährte Vorzugsrecht 1. Klasse gegenüber dem § 10 des Zwangsversteigerungsgesetzes aufrecht erhalten (vgl. Anm. 2/3, Henle-Schneider AG. z. BGB. S. 225).

III. Im Allgemeinen.

Ferner ist noch zu erwähnen:

Art. 14/15 des Ges. v. 28. April 1872 bezüglich der Zwangsablösung der Bodenzinse unter 6 kr. (18 Pfg.), bezw. unter 30 kr. (86 Pfg. ursprünglich, 77 Pfg. ermäßigt. FMEntschl. v. 5. Dezember 1899 Nr 26 851) und Art. 123 AG. z BGB. bezüglich der Verjährung der laufenden Abgaben: Die Kapitalien verjähren in 30 Jahren (Stengel Grundentlastung S. 146 f., BGB. § 130).

II. Abschnitt.

Die Bodenzinse der Staatskasse.*)

Vorbemerkungen.

1. Art. 7 mit 14 behandeln die Ermäßigung der Bodenzinse der Staatskasse. Die Staatskasse steht hier nicht im Gegensatze zu einem anderen Rechtssubjekte, sondern lediglich zu einer besonderen Verwaltungsabteilung, zur Grundrentenablösungskasse des Staates. Die Bodenzinse waren zu Anfang des vorigen Jahrhunderts die Haupteinnahmsquelle des Landes

Zur Zeit des Erlasses des Gesetzes vom 2. Februar 1898 betrugen:

Die Geldbodenzinse	7 105 150 Mk.
Die Naturalgrundabgaben . . .	13 650 „
	7 118 800 Mk.

(Etat Ziff. XVI Beil. z. FinG. 1896/7, GVBl. S. 274).

2. Die Ermäßigung erstreckt sich auf alle Bodenzinse der Staatskasse zu 4 % und höher, nicht aber auf die unter 4 % verzinslichen, und zwar gleichviel, ob sie schon vor dem Jahre 1848 bestanden, oder für sie bereits vor dem 4. Juni 1848 ein 4 %iges Kapital festgesetzt war oder nicht, ob sie durch das Gesetz vom 4. Juni 1848 oder durch gegenwärtiges Gesetz übernommen wurden. Die 4 %igen Bodenzinse wurden um 1/8, die höherprozentigen um 1/2 % ermäßigt. Die Ermäßigung ist eine definitive, nicht bloß ein vorübergehender Nachlaß. Dagegen tritt nur eine Zins-, keine Kapitalsermäßigung ein. (VollzugsBek. v. 5. Febr. 1898 mit Tabellen zur Umrechnung der Jahres-

*) Zu diesem Abschnitte Nr. 1 der Vollzugs-Bek. v. 5. Febr. 1898, FMBl. S. 31. [Siehe Anl. Nr 1 im Anhang].

zinsen, sowie zur Berechnung des Ablösungskapitals. Die ursprünglichen Bodenzinse werden in den rentamtlichen Katastern nicht mehr fortgeführt (FMEntschl. v. 5. Dezember 1899).

Der Ablösungsmaßstab ist der $28^1/_7$ fache Betrag der ermäßigten Bodenzinse. Das Ablösungskapital berechnet sich nach Beil. I z. VollzugsBek. v. 5. Febr. 1898.

Art. 7.

Vom 1. Januar 1898 an werden die nach den vorstehenden Bestimmungen auf die Staatskasse übernommenen Bodenzinse, sowie die auf Grund der Art. 15 Abs. 4 und Art. 28 des Gesetzes vom 4. Juni 1848 konstituierten Bodenzinse der Staatskasse, für welche keine Annuitätentilgung nach Art. 30 jenes Gesetzes besteht, um den achten Teil der Jahresleistung ermäßigt.

Hierher gehören hauptsächlich die auf Grund des Ges. v. 4. Juni 1898 konstituierten neuen Handlohns- und Gefällsbodenzinse.

Art. 8.

Die Besitzer von Grundstücken, auf welchen Bodenzinse zur Staatskasse ruhen, die nach Art. 30 des Gesetzes vom 4. Juni 1848 mittelst Annuitäten getilgt werden, haben die Wahl, ob sie diese Annuitäten in bisheriger Weise fortentrichten oder die Annuitätenverträge auflösen wollen. Ersteren Falles dürfen die Annuitätenzahlungen fernerhin nicht mehr unterbrochen werden. Letzteren Falles ist das nach erfolgter Abrechnung sich ergebende Restkapital vom 1. Januar 1898 an jährlich mit $3^1/_2$ Prozent zu verzinsen.

Die Annuitätenverträge gründen sich auf Art. 30 des Ges. v. 4. Juni 1848. Ihre Zahl ist sehr gering und werden dieselben in nächster Zeit wohl ganz verschwinden

Ueber die rechnerische Behandlung vgl. zweite VollzugsBek. v. 5. Februar 1898 Beil.-Nr. II und Instruktion v. 28. September 1848 (Geret Bd. XXIV S. 117).

Art. 9.

Die Bestimmung in Art. 7 hat auch auf jene Bodenzinse der Staatskasse, für welche bereits vor dem Erlasse des Gesetzes vom 4. Juni 1848 ein zu 4 Prozent verzinsliches Kapital festgesetzt oder die Ablösung mit dem fünfundzwanzigfachen Betrage dem Pflichtigen gestattet war, sowie auf die gemäß Art. 1 Abs. 3 des Gesetzes vom 4. Juni 1848, die Ablösung des Lehenverbandes betreffend, entstandenen Staatskassa-Bodenzinse gleichmäßige Anwendung zu finden.

Die in der vorerwähnten Gesetzesbestimmung dem Lehen-Vasallen gestattete Uebernahme des Lehen-Ablösungskapitales als eines mit 4 Prozent verzinslichen Bodenzinskapitales findet bei königlichen Lehen nur noch im Jahre 1898 und nur mit Wirkung vom 1. Januar dieses Jahres an statt.

Hierher gehören insbesondere die vor dem Jahre 1848 konstituierten Handlohnsbodenzinse, dann die älteren und neuen Lehenbodenzinse

Hinsichtlich der Lehenbodenzinse ist zu bemerken:

Die Privatlehen mit Ausnahme der standesherrlichen (Edikt v. 19. März 1807, RegBl. S. 1400, VerfBeil. IV § 57) sowie alle königlichen Lehen, welche nicht in einer der Kategorien der §§ 2 mit 6 des Ediktes v. 7. Juli 1808 fielen, wurden schon im Jahre 1808 aufgehoben bzw. in bodenzinsiges Eigentum umgewandelt.

Mit Ges. v. 4. Juni 1848 wurden auch die hiernach noch bestehenden königlichen und standesherrlichen Lehen für ablösbar erklärt, mit den in Art. 2 vorgesehenen geringen Ausnahmen.

Da es aber nach diesem Gesetze dem Vasallen freistand, das Ablösungskapital in barem zu erlegen oder an dessen Stelle ein 4%iges Bodenzinskapital zu errichten, so entstanden die neuen Lehenbodenzinse des Staates.

Um einen weiteren Anfall dieser Bodenzinse, welcher auf die fortschreitende Amortisation hemmend gewirkt hätte, zu verhindern, wurde unter teilweiser Abänderung des Gesetzes der Endpunkt für die Bestellung von Lehenbodenzinsen des Staates auf 31. Dez. 1898 festgesetzt.

Art. 10.

Die übrigen älteren Bodenzinse der Staatskasse, welche eine höhere als eine vierprozentige Verzinsung des festgesetzten Kapitales bilden oder mit einem niedrigeren Faktor als dem fünfundzwanzigfachen Betrage behufs ihrer Ablösung zu kapitalisieren sind, werden vom 1. Januar 1898 an um ein halbes Prozent des Kapitales ermäßigt.

Die in Getreide fixierten und nach den Normalpreisen zu entrichtenden Bodenzinse sind vom Jahre 1898 an in festen Geldbeträgen, welche nach Wahl der Pflichtigen entweder nach dem bei der Konstituierung zugrunde gelegten oder später anerkannten Zinsfuße oder nach dem Durchschnitte der letzten fünf Jahre zu bemessen sind, zu entrichten. Ergibt sich hienach eine vierprozentige oder höhere Rente des Kapitales, so findet die Bestimmung im Abs. 1 gleichmäßige Anwendung.

Die Verzinsung der älteren Grundgefälle (Ziff. XVII Kap. 1 u. 2 Tit. 1 GrundentlG. v. 4 Juni 1848 Art. 22) schwankt sehr und zwar zwischen 2—7½%. Es gehören hierher insbesondere die 5%igen Maierschaftsfristen und die in Geld fixierten Kornbodenzinse, ältere Lehenbodenzinse 2c.

Die Reduktion erfolgt hier ganz unabhängig von dem bisherigen Zinsfuße mit ½% des Kapitals. Die Bodenzinse unter 4% werden nicht ermäßigt.

Beträgt z. B. ein alter Bodenzins 10 Mk., ablösbar im 20fachen Betrage, so sind künftig nur mehr 9 Mk. zu entrichten (vgl. Ziff. 3 VollzugsBek. v. 5. Febr. 1898).

Außer den in Geld fixierten Kornbodenzinsen bestanden noch Bodenzinse namentlich vor der Veräußerung von Staatsgütern (Allerh. VO. v. 23. Jan. 1805), welche in Korn fixiert waren (Ziff. XVI Kap. 2 d. BudgetG. 1896/7).

Dieselben wurden aber schon seit dem Jahre 1845 nicht mehr in natura eingedient, sondern nach den jährlich festgesetzten Normalpreisen entrichtet.

Nunmehr wurden auch die jährlichen schwankenden Zinse in feste Jahreszinse umgewandelt.

Ergibt sich hierbei ein höherer Zins als 4%, so tritt Ermäßigung um ½% ein (vgl. Ziff. 4 VollzugsBek. v. 5. Febr. 1898).*)

Von den älteren Grundgefällen hat der Staat an Stelle der früheren Dominikalsteuer nach dem Ges. v. 28. März 1852 (GBl. S. 165) bzw. Art. 11 Ziff. 3 des Ges v. 19. Mai 1881 (GVBl. S. 657) den Steuerbeitrag mit 1/16 des Gefälls (nicht 15 Pf. pro 1 Mk., wie in Fahrmbacher, Grundentl. S. 10 angegeben) zu entrichten. Dieser Steuerbeitrag vermindert sich jetzt gleichfalls um ⅛ bezw. um ½%.

Z. B Bisheriger Bodenzins 60 Mk., Steuerbeitrag 4 Mk.; nunmehriger Bodenzins 52,50 Mk. Steuerbeitrag 3,50 Mk. (vgl. Ziff. 5 VollzugsBek. v. 5. Febr. 1898).*)

Art. 11.

Zum Zwecke der Tilgung sämtlicher Bodenzinse der Staatskasse (Art. 7 bis 10, 13 und 17) wird ein Amortisationsfond gegründet, welcher mit Zinsen und Zinseszinsen insolange anzusammeln ist, bis derselbe die Höhe der Bodenzinskapitalien erreicht hat. Mit diesem Zeitpunkte erlischt die Verpflichtung zur Entrichtung der Bodenzinse und wird der Fond unbeschränktes Staatsvermögen.

Der Amortisationsfond wird mit dem Betrage von acht Millionen Mark, welcher den Mehreinnahmen des Jahres

*) Siehe Anhang, Anlage Nr. 1.

1896 zu entnehmen ist, dotiert; die weitere Verstärkung des Fonds erfolgt nach Maßgabe der verfügbaren Mittel und bleibt späterer gesetzlicher Bestimmung vorbehalten.

Diese Bestimmung ist die wichtigste und weittragendste des ganzen Gesetzes und bildet mit Art. 15 gewissermaßen den Schlußstein des seit dem Jahre 1848 begonnenen Werkes der Grundentlastung in Bayern.

Die Amortisation der Bodenzinse wird von der Gesamtheit der Staatsbürger getragen mit Rücksicht auf die hohe soziale Bedeutung der Stärkung des Grundbesitzes, insbesondere der Landwirtschaft.

Da aber der Staat die fortlaufende ansehnliche Einnahme an Bodenzinsen im Interesse des Gleichgewichtes seines Budgets nicht entbehren kann, so muß für einen Fond gesorgt werden, dessen Erträgnisse nach dem Erlöschen der Bodenzinse die Stelle im Staatsbudget einnehmen.

Diese Aufgabe obliegt dem Amortisationsfond. Der Amortisationsfond muß nicht 7000000 Mk. Zinsen tragen, sondern nur soviel als am Schluß der Tilgungsperiode noch Bodenzinse vorhanden sind, daher wurde er bis zum Jahr 1903 mit den fortschreitenden Zwangs- und freiwilligen Ablösungen entsprechend entlastet. Nimmt man z. B. an, daß bis 1920 etwa die Hälfte der Bodenzinse abgelöst gewesen wäre, so würde ein Zinsenertrag von 3500000 Mk. zum Ersatze der Bodenzinse hinreichen und daher ein Amortisationsfondskapital mit 88000000 Mk. genügt haben. Von großer Bedeutung war hier die Gesetzesnovelle vom 12. Dez. 1899, GVBl. S. 1003. Nachdem aber der Amortisationsfond seit 1 Febr. 1903 die prozentualen Zuschüsse zu den Ablösungskapitalien bei allen Ablösungen zu leisten hat, findet eine Minderung der Amortisationsperiode bei Ablösungen nicht mehr statt. Der Amortisationsfond soll nach Maßgabe der verfügbaren Mittel verstärkt werden.

Diese Bestimmung stellt das Ende der Amortisation in das Ungewisse, da niemand weiß, ob und wie viele Mittel verfügbar sein werden.

Bis Ende 1903 wurden dem Amortisationsfond zugewiesen.

8000000 Mk.	Art. 11 Ges. v. 2. Febr. 1898
9000000 Mk.	Ges. v. 12 Dez. 1899 GVBl. S. 1003
1000000 Mk.	Ges. v. 18. Dez. 1901 GVBl. S. 727
18000000 Mk.	

Hiezu kommt noch die Verzinsung. Hievon gehen jedoch wieder ab die Zuschüsse des Amortisationsfonds für Ablösungen nach Art. 12 bis zum Jahre 1903 und ab 1. Jan. 1902 für die Ablösungen nach Art. 12, 19, 21 des Ges. v. 2. Febr. 1898, dann für die nach Art. 15 des Ges. v. 28. April 1872 erfolgten Ablösungen und v. 1 Jan. 1903 auch für die Ablösungen nach Art. 25 Abs. III des Ges. v 2. Febr. 1898.

Ende des Jahres 1903 betrug der Amortisationsfond 21132334 Mk. (gleich rund 12% der im gleichen Zeitpunkte noch bestandenen Bodenzinskapitalien zu 175492540 Mk. Mot. z Ges. v. 10. Aug 1904 Beil. 1223 KABhdl. 1903/4 FMEntschl. v 18. Dez. 1903, FMBl. 585 mit Tabelle).

Durch Ges. v. 10. Aug. 1904, GVBl. S. 279, wurde der Fond um 1 000 000 verstärkt und beträgt jetzt also 22 000 000 Mk. Hiedurch wurde aber nicht einmal 1 % Vermehrung erzielt. Die weitere Reduktion der Tilgungsperiode kann nur durch Zuschüsse zum Amortisationsfond erreicht werden. Nach dem gegenwärtigen Stand berechnet sich die Tilgungsperiode nach der Formel $s = c\,q^n = 175\,492\,540 = 22\,132\,334 \times q^n$ auf 52,79 Jahre, wobei aber die Verzinsung der letzten Million schon ab 1. Januar 1904 berechnet ist. Da dieselbe aber wohl erst ab 10. August 1904 eingetreten ist, so dürften rund 53 Jahre anzunehmen sein und sohin das Ende für die Tilgung für das Jahr 1957 in Aussicht stehen.

Ueber den Amortisationsfond hat die Kgl. Zentralstaatskasse eine besondere Rechnung zu führen (vgl. Vollzugs-Bek. v. 5. Febr. 1898, Ziff. 6 Abs. 3).

Art. 12.

Den Pflichtigen ist die freiwillige Ablösung jederzeit anheimgestellt.

In einem solchen Falle wird den Pflichtigen derjenige Betrag, welcher dem jeweiligen alljährlich bekannt zu gebenden Verhältnisse des Amortisationsfonds zur Gesamtsumme aller noch bestehenden Bodenzinskapitalien entspricht, in den Jahren 1898 mit 1902 aber mindestens der Betrag von zehn Prozent des Ablösungskapitals zugute gerechnet. Die sich hienach berechnenden Beträge werden zur Ergänzung des Ablösungskapitales dem Amortisationsfonde entnommen.

Die eingehenden Ablösungsschillinge sind rentierlich anzulegen oder zur Tilgung von Staatsanlehen oder zur Bestreitung von Ausgaben, für welche Anlehenskredite bewilligt sind, zu verwenden.

Die nach Art. 12 ursprünglich nur bei freiwilligen Ablösungen gewährten Nachlässe finden gemäß FMEntschl. v. 11. Dez. 1901, FMBl. S. 566, v 1. Jan. 1902 an bei allen Ablösungen, sohin auch bei den Zwangsablösungen nach Art. 15 des Ges. v. 28. April 1872, dann 19 und 21 des gegenwärtigen Gesetzes statt.

Entscheidend für die Gewährung des Nachlasses und des Prozentsatzes ist bei Zwangsablösungen die Zeit des Anfalls, d. i. der Zeitpunkt des Eintrittes der Ablösungspflicht (Besitzveränderung, Zertrümmerung); bei freiwilligen der Zeitpunkt der tatsächlichen Ablösung durch Kapitalserlage.

Die rechnerische Behandlung der Nachlaßquoten ist in Ziff. 6 Abs. III der mehrerwähnten VollzugsBek. [s. Anl. Nr. 1] I geregelt. Formular zu der alljährlich nach erfolgter Rechnungsablage zu erstattenden Anzeige über den Stand der Bodenzinskapitalien gemäß

Ziff. 6 Abs. 1 siehe Anhang Formular Nr. 5. Mit FMEntschl. v. 25. Nov. 1902 Nr. 27856 wurde weiter eine Zusammenstellung der abgelösten Bodenzinskapitalien angeordnet, welche gleichfalls nach erfolgter Rechnungsablage zu erstatten ist. S. Anhang Formular Nr. 6.

Weitere Vorteile für die freiwillige Ablösung bietet Art. 22.

Die Ablösungsschillinge sollen streng genommen als Staatsaktivkapitalien angelegt werden, da es aber unter Umständen vorteilhaft sein kann, hochverzinsliche Staatsschulden zu tilgen, so wurde der Regierung diese Möglichkeit durch das Gesetz gegeben.

Art. 13.

Vom 1. Juli 1898 an ist die Errichtung von Bodenzinsen bei dem Anfall von Handlohnsäquivalenten der Staatskasse ausgeschlossen. Dieselben sind von diesem Zeitpunkte an nach ihrem ganzen Anfalle baar zu bezahlen.

Will der Pflichtige von den Bestimmungen des Art. 15 Abs. 4 des Gesetzes vom 4. Juni 1848 bezüglich eines noch nicht angefallenen Handlohnsäquivalentes Gebrauch machen, so ist ihm dies gestattet, wenn er noch vor dem 1. Juli 1898 das einfache Handlohn bar entrichtet und für den Rest ein vom 1. Januar 1898 an zu $3^{1}/_{2}$ Prozent zu verzinsendes Bodenzinskapital bestellt.

Das GrundentlG. v. 4. Juni 1848 bestimmte in Art. 15 für das aus dem Obereigentum stammende Recht auf Erhebung einer Besitzveränderungsabgabe (Laudemium) ein Entgelt (Aequivalent), welches je nach dem bestehenden Grunddienstbarkeitsverhältnisse (Erbrecht, Leibrecht, Freistift) zwischen dem $1^{1}/_{2}$—2fachen Betrage der Besitzveränderungsabgabe schwankte.

Dieses Aequivalent war bei der nächsten Besitzveränderung nach dem Inkrafttreten des Ges. v. 4. Juni 1848 fällig. Es mußte jedoch nur der einfache Betrag sogleich bar erlegt werden, für den Rest konnte ein 4%iges Bodenzinskapital stehen bleiben. Diese Bestimmung wurde bezüglich der Handlohnsäquivalente der Ablösungskasse mit Rücksicht auf die in Angriff genommene Amortisation dieser Gefälle durch Art. 9 des Ges. v. 28. April 1872 aufgehoben.

Aus ganz gleichen Gründen wurde die fernere Bestellung von Handlohnsbodenzinsen auch für die Staatskasse beseitigt, jedoch den Pflichtigen bis zu diesem Zeitpunkte die Möglichkeit der Bodenzinsbestellung auch ohne Anfall des Handlohns gegeben.

Da seit dem Jahre 1848 bis 1896 schon fast eineinhalb Menschenalter verstrichen waren, so dürfte die Zahl der Handlohnsäquivalente nicht mehr zahlreich gewesen sein (vgl. Ziff. 7 VollzugsBek. v. 5. Febr. 1898 [s. Anhang, Anlage Nr. 1].

Art. 14.

Auf Grundgefälle, welche Gegenreichnisse für Forstrechte bilden, finden vorstehende Bestimmungen keine Anwendung.

Das Merkmal dieser Gefälle ist, daß sie eine Gegenleistung für tatsächlich bezogene Forstnutzungen (Weide, Streu, Pech ꝛc.) bilden. Ihre Verrechnung findet in den Forstrechnungen der Kgl. Rentämter statt (vgl. Ziff. 8 VollzugsBek. v. 5. Febr. 1898, Art. 31 ForstGes. GVBl. S. 332.

III. Abschnitt.

Die Bodenzinse der Grundrenten-Ablösungskasse.

Siehe Ziff. 9—12 VollzugsBek. v. 5. Febr. 1898 [Anhang, Anlage Nr. 1].

Art. 15.

Vom 1. Januar 1898 an wird der auf Grund des Art. 8 des Gesetzes vom 28. April 1872 zu leistende Zuschlag zu den ursprünglichen Bodenzinsen bis zu deren völliger Tilgung von der Staatskasse an die Ablösungskasse abgeführt.

Vom gleichen Zeitpunkte an haben überdies die Bodenzinspflichtigen zur Ablösungskasse nur mehr sieben Achtel des ursprünglichen Bodenzinses zu entrichten. Der hienach ermäßigte Betrag ist im Jahre 1942 zum letzten Male zu entrichten.

Sollte das Erlöschen der Verpflichtung zur Entrichtung der Staatskassa-Bodenzinse für einen früheren Zeitpunkt als das Jahr 1942 in Aussicht stehen, so ist durch Verstärkung der vom Staate zu leistenden Tilgungsbeiträge dafür zu sorgen, daß die Bodenzinse zur Ablösungskasse gleichzeitig mit den Bodenzinsen zur Staatskasse erlöschen.

Zum Gebrauche in Fällen von Ablösungen ist vom k. Staatsministerium der Finanzen eine neue Reduktionstabelle bekannt zu geben.

Die Grundrentenablösungskasse des Staates, gegründet durch Art. 36 des Ges. v. 4. Juni 1848, hat die Aufgabe der Tilgung der im Jahre 1848 übernommenen Bodenzinse, sowie der Verwaltung, Verzinsung, Tilgung der durch obiges Gesetz geschaffenen Grundrentenschuld.

Ihre Einnahmen bilden die Bodenzinse, Handlohnsäquivalente, Restergänzungen und die jährlichen Zuschüsse aus den Erträgnissen des Malzaufschlages.

Die Bodenzinse der Ablösungskassa wurden durch das Ges. v. 28. April 1872 ab 1. Januar 1876 um 1/8 erhöht. Dieses 1/8 bildete die Tilgungsrate, durch welche die gesamte Bodenzinsschuldigkeit bis zum Jahre 1934 d. i. in 58 Jahren getilgt sein sollte.

Dieser bisher von den Pflichtigen selbst zu tragende Zuschlag wurde ab 1. Januar 1898 auf die Staatskasse übernommen und wird von ihr an die Ablösungskasse abgeführt.

Gleichzeitig wurde auch die Bodenzinsschuldigkeit um 1/8 ermäßigt, so daß ab 1. Januar 1898 die Bodenzinspflichtigen der Ablösungskasse nur mehr 7/8 statt 9/8 zu bezahlen haben.

Da aber durch diese Zinsenreduktion sich auch die Aufzinsung der Tilgungsraten um 1/8 mindert, so verlängert sich die Tilgungsperiode um 1/8 von 58 = 7,25, rund 8 Jahre, d. i. bis 1942.

Nach Art. 20 des Ges. v. 4. Juni 1848 vergütete die Ablösungskasse den Berechtigten für alle überwiesenen fixen jährlichen Grundabgaben den 20fachen Betrag in 4%igen Ablösungsschuldbriefen, wogegen die Pflichtigen der Ablösungskasse nur den 18fachen Betrag zu verzinsen hatten.

Demnach deckte schon vor dem Jahre 1898 die Summe der Bodenzinse den Bedarf der Verzinsung nicht vollständig, sondern blieb um 2/20 = 1/10 zurück.

Durch die im Jahre 1848 gewährte Bodenzinsermäßigung trat wieder ein Ausfall von 1/8 ein, so daß gegenwärtig ein Fehlbetrag von 9/40 (nahezu ein Viertel) zu verzeichnen ist.

Dazu kommt noch, daß die Tilgungsraten von der Staatskasse an die Ablösungskasse zu leisten sind.

Während nach dem Finanzgesetze für die XXIII. Finanzperiode 1896/7, GVBl. 1896 S. 213, die Zuschüsse zur Ablösungskasse aus dem Erträgnisse des Malzaufschlages

294 520 Mk. für Verzinsung
und 147 750 „ „ Verwaltung

betrugen, beziffern sich dieselben nach dem Finanzgesetze für die XXVIII. Finanzperiode, GVBl. 1904, Beil. z. Landtagsabsch. S. 5 auf

31 890 Mk. für Verwaltung
489 630 „ „ Verzinsung
913 800 „ „ Tilgung.

Der Rückgang der Verwaltungskosten erklärt sich durch den infolge der Neuorganisation der Kgl. Rentämter bedingten Tantiemenausfall.

Art. 16.

Bodenzinspflichtige, welche ihre Schuldigkeit zur Grundrenten-Ablösungskasse freiwillig ablösen, erhalten einen dem jeweiligen kapitalisierten Werte des Staatszuschusses gleichkommenden Nachlaß an der Restschuldigkeit.

Der nachgelassene Betrag ist von der Staatskasse an die Ablösungskasse zu vergüten.

Den Pflichtigen der Ablösungskassa wird nur bei freiwilligen Ablösungen eine Nachlaß an der Restergänzung gewährt (Ziff. 17 VollzugsBek. [Anhang, Anlage Nr. 1].

Dieser Nachlaß besteht in dem kapitalisierten Wert der Staatszuschüsse nach Art 15 Abs. 1 und wird in besonderen periodisch erneuten Tabellen ausgewiesen.

Er stellt sich zurzeit auf annähernd 10% der Restergänzung (vgl. FMBl. 1902 S. 329 ff.). Die rechnerische Behandlung dieser Nachlässe ist in Ziff. 11 der VollzugsBek. v. 5. Feb. 1898 geregelt. Die Nachlaßquoten werden der Ablösungskasse aus allgemeinen Staatsmitteln (Erträgnissen des Malzaufschlages) vergütet.

Bezüglich der alljährlich zu fertigenden Zusammenstellung des Ablösungsstandes und des Ausweises des Restergänzungsstandes am Schlusse jeden Rechnungsjahres wird auf die Anmerkungen zu Art. 12 und Formular Nr. 7 Bezug genommen.

Gewerbsmäßiger Güterhandel ist von den Vorteilen des Art. 16 ausgeschlossen.

Löst jedoch der Anwesensbesitzer vor der notariellen Verbriefung des Verkaufes an den Güterhändler, wenn auch mit dem von letzterem vorgeschossenen Gelde, ab, so kann ihm der Nachlaß nicht vorenthalten werden (FMEntschl. v. 28. Mai 1898 Nr. 10460, vgl. Art. 22).

Art. 17.

Die Ueberweisung von Weiderechts-Abgaben und Weiderechts-Bodenzinsen an die Ablösungskasse nach Maßgabe des Gesetzes über die Ausübung und Ablösung des Weiderechtes auf fremdem Grund und Boden vom 28. Mai 1852 ist fernerhin nicht mehr zulässig. Dagegen ist bis zum 31. Dezember 1898 dem Berechtigten noch deren Ueberweisung auf die Staatskasse mit Wirkung vom 1. Januar desselben Jahres an gestattet. Für derartige Ueberweisungen haben die Bestimmungen in Art. 5 Abs. 2 und 3, Art. 6, 7, 11 und 12 des gegenwärtigen Gesetzes sinngemäße Anwendung zu finden.

Nach dem Ges. vom 28. März 1852 konnten die Weiderechte in jährlichen fixe Abgaben umgewandelt und an deren Stelle Bodenzinse bestellt werden. Die Bodenzinskapitalien konnten vom Berechtigten an die Ablösungskasse überwiesen werden, ein Präklusivtermin wurde auch im Ges. vom 28. April 1872 hiefür nicht festgesetzt. Tatsächlich aber gelangte seit dem Jahre 1872 kein Weiderechtsbodenzins mehr zur Ueberweisung. Um nun die Verlängerung der Tilgungsperiode bei der Ablösungskasse durch etwaige spätere Ueberweisungen hintanzuhalten, sperrt Art. 17 diese Ueberweisungen, und zwar sofort mit dem Inkrafttreten des Ges. v. 2. Febr 1898.

Gleichzeitig aber wird den Berechtigten (nicht auch den Pflichtigen) die Ueberweisung an die Staatskasse bis 31. Dezember 1898 ermöglicht. Die überwiesenen Bodenzinse nehmen an allen Vorteilen der übrigen Bodenzinse (Ermäßigung, Amortisation ꝛc.) teil und stehen in allen rechtlichen Beziehungen den übrigen Bodenzinsen des Staates gleich, ausschließlich der Befreiung vom Hypothekenbuchseintrag bis zur Grundbuchsanlage.

Ueber die Vorschriften bei Uebernahme vgl. Ziff. 11 Vollzugs-Bek. v. 5. Febr. 1898 [S. Anhang, Anlage Nr. 1].

IV. Abschnitt.

Gemeinsame Bestimmungen.

Art. 18.

Die Kgl. Rentämter sind verpflichtet, jedem Grundbesitzer auf Verlangen gebührenfrei ein Zeugnis über die Belastungsverhältnisse auszustellen, aus welchem, soferne der Besitz mit Bodenzinsen belastet ist, die Jahresschuldigkeit zur Staatskasse und zur Ablösungskasse, das ursprüngliche Bodenzinskapital und das zur Zeit der Ausstellung des Zeugnisses bestehende Restkapital zu ersehen sind.

Die Notare haben die Verkäufer von Grundstücken zur Vorlage dieses Zeugnisses aufzufordern und das Zeugnis der Urkunde beizuheften oder dessen Inhalt in den Urkunden zu vermerken. Bestehen die Parteien wegen der Dringlichkeit der Sache auf der Beurkundung des Vertrages ohne Vorlage eines solchen Zeugnisses, so hat der Notar dieses in der Urkunde zu bemerken.

Vgl. Ziff. 14 VollzugsBek. v. 5. Febr. 1898 [Anhang, Anlage Nr. 1] JMEntschl. v. 23. Febr. 1898 Ziff. 2 [S. Anhang, Anlage Nr. 2].

Für die Richtigkeit der Zeugnisse haftet der Rentamtmann. Der Kgl. Notar darf von der Beiheftung der Zeugnisse nur auf ausdrücklichen Wunsch der Parteien absehen und zwar bei Vermeidung eigener Haftung.

Die Schreibgebühr für die Belastungszeugnisse ist gemäß § 93 GeschAnw. f. Rentämter FMBl. 1903 S. 314 in Wegfall gekommen.

Die Belastungszeugnisse müssen mit den Gefällskatastern übereinstimmen, gewissermaßen Auszüge aus denselben bilden. Daraus folgt, daß, soferne für ein Grundstück, welches nicht für sich allein, sondern zusammen mit mehreren anderen Grundstücken (d. h. komplexual) belastet ist, auf Antrag der Besitzer ein Belastungszeugnis ausgestellt werden soll, der Ausstellung die Lastenrepartition, Anerkennung derselben durch den Besitzer und Umschreibung im Gefällskataster vorhergehen muß, worauf erst auf Grund des ergänzten Gefällskatasters das Belastungszeugnis ausgestellt werden kann.

Die Belastungszeugnisse sind völlig gebührenfrei. Die Repartition unterliegt der Gebühr nach Art. 203 des Grundentl.G. zu Lasten der Antragsteller (vgl. FMEntschl. v. 10. Okt. 1901 Nr. 23178 u. v. 2. Nov 1902 Nr 25566).

Die bisherigen Befugnisse der Kgl. Notare und sonstiger an der Kenntnis der Anwesensbelastung rechtmäßig interessierter Personen, Aufschluß zu verlangen, bestehen fort (Bek. v. 15. Juni 1862 § 11 Reg Bl. S 1445, FMEntschl. v. 29. Aug. 1863 Geret 34 S 131; FMEntschl. v. 19. März 1864 Geret 35 S. 95, FMBl. S. 337 dann FMEntschl. v. 3. Juli 1886 FMBl. S. 166).

Soll aber dieser Aufschluß in Form eines Belastungszeugnisses im Sinne des Art 18 erteilt werden, so hat bei komplexualer Belastung die Ausstellung, Repartition und Anerkennung derselben durch die Pflichtigen vorzugehen.

Außerdem kann nur eine einfache Mitteilung der eventuellen Belastung erfolgen, welche das Belastungszeugnis nicht ersetzt.

Die Repartition darf im Gefällskataster erst nach Anerkennung des Pflichtigen umschrieben werden.

Wird die Repartition nicht anerkannt, so unterbleibt die Umschreibung im Gefällskataster; wird sie nicht im ganzen Umfange anerkannt, so ist eine neue Repartition zu fertigen.

Die vom Pflichtigen beantragte bzw anerkannte Repartition hat die rechtliche Folge, daß der Belastungsverband, soweit die Repartition reicht, aufgelöst, der Grundbesitz als geteilt im Sinne des Art. 15 des Grundentl G. v. 28. April 1872 gilt, und daher bei der nächsten Besitzveränderung alle Belastungen unter 86 Pfg. ursprünglichen oder 77 Pfg. ermäßigten Bodenzins abzulösen sind, sowohl bezüglich der veräußerten als auch bezüglich der zurückbehaltenen Parzellen (Art. 15 des Ges. v. 28. April 1872, Stengel, Grundentlastung S. 126/7)

Daher ist der Pflichtige vor der Subrepartition ausdrücklich über diese Folgen zu belehren und hierüber in der Lastentabelle Konstatierung einzutragen (FMEntschl. v. 5. Nov. 1902 Nr. 22566).

Zum Unterschiede der ursprünglichen Belastungen sind die subrepartierten Belastungen durch eine Klammer und Angabe der Repartitionstabelle im Geschäftskataster ersichtlich zu machen, wobei die Belastung unter 77 Pfg zweckmäßig noch durch irgend eine Kennzeichnung (*) hervorzuheben wäre.

Eine Rückumschreibung einer auf Antrag der Pflichtigen gemachten Repartition findet nicht statt.

Wurde die Repartition ex officio (vgl. Ziff. 4 FMEntschl. v. 30. Juli 1872 Nr. 9504, Stengel, Grundentlastung S 210) vorgenommen, so werden bei einem künftigen Besitzwechsel sowohl die beim bisherigen Besitz verbleibenden als auch die auf je einen Erwerber übergehenden Grundstücke als ein Komplex betrachtet. Diese offizielle Subrepartition ist künftig nicht mehr zuläßig (FMEntschl. v. 27. April 1904 Nr. 11529)

Art. 19.

Wird ein landwirtschaftlicher Gutskomplex durch einen gewerbsmäßigen Händler mit ländlichen Grundstücken, gleichviel, ob im eigenen Namen oder in Vollmacht eines Anderen, zertrümmert, so müssen die sämtlichen auf dem zu zertrümmernden Anwesen oder dessen einzelnen Bestandteilen lastenden Bodenzinse von dem Güterhändler abgelöst werden. Darüber, ob jene Voraussetzungen gegeben sind, entscheidet im Streitfalle die Distriktsverwaltungsbehörde, in deren Bezirk der Gutskomplex liegt, in erster, der Kgl. Verwaltungsgerichtshof in zweiter und letzter Instanz.

Der Güterhändler ist verpflichtet, bevor er eine Gutszertrümmerung durchführt, dem Rentamte, in dessen Bezirke der Gutskomplex liegt, Anzeige zu erstatten; **das Rentamt hat sodann die Ablösungsschuldigkeit zu berechnen und von dem Güterhändler einzuziehen.** Unterläßt dieser die Anzeige, so verfällt er in eine Geldstrafe, welche dem ein- bis dreifachen Betrage der Ablösungsschuldigkeit gleichkommt.

Vgl. VollzugsBek. v. 5. Febr. 1898 Abs. 1 Ziff. 15 mit 18.
Voraussetzungen der Ablösungspflicht sind:

a. ein landwirtschaftlicher Komplex
b. eine Zertrümmerung desselben und zwar
c. durch einen gewerbsmäßigen Güterhändler.

Landwirtschaftlicher Komplex ist ein Anwesen (Haus) mit mehreren zur gemeinschaftlichen Bewirtschaftung bestimmten Grundstücken. Unmittelbar örtlicher Zusammenhang der Grundstücke mit dem Anwesen und unter sich ist begrifflich nicht notwendig

Ebensowenig ist es notwendig, daß die Grundstücke zur Zeit der Zertrümmerung tatsächlich bewirtschaftet werden.

Mehrere vereinzelte Grundstücke ohne Anwesen sind kein Komplex.

Zertrümmerung setzt den Verkauf einzelner Grundstücke an verschiedene Käufer voraus.

Verkauf des gesamten Komplexes ist keine Zertrümmerung.

Wird dagegen das Anwesen für sich und die sämtlichen Grundstücke zusammen für sich verkauft, so liegt Zertrümmerung vor.

Gewerbsmäßiger Güterhändler ist, wer in der Absicht auf Gewinn fortgesetzt Umsatz mit Gütern treibt. Tatsächlicher Gewinn und Absicht auf dauernden Betrieb sind begrifflich nicht nötig (vgl. Entsch. d. Oberst. Ger.H Bd. 3 S. 531, Bd. 5 S. 418, Bd. 8 S. 285, Entsch. d. k. b OLG. München Bd. 3 S. 63 u. 243, Bd. 8 S. 448, Bl. f RA. Bd. 39 S. 381, Bd. 41 S. 255, Bd. 43 S. 379, Oppenhoff, Rechtspr. d. k. preuß. Obertribunals Bd. 14 S. 46 u. 569, Bd. 15 S 20, Bd. 17 S. 478, Bd. 18 S. 406, Reger, Entsch. Bd. II S. 316, Bd. V

S. 285, Bd. X S. 361, Bd. XV S. 360, Landmann GewO. III. Aufl. Bd. I S. 36 u. 493, dann 126 u 341, Entsch. d. k. VGH. Bd. II S. 557).

Die Anzeige und Ablösung haben der notariellen Verlautbarung der Zertrümmerung vorauszugehen Mit der Anzeige ist das Ablösungskapital zur Zahlung verfallen.

Unterbleibt die Anzeige und die Ablösung, so ist der Güterhändler strafbar. Die Grundstücke aber bleiben unbeschadet der öffentlich-rechtlichen Verpflichtung des Güterhändlers zur Ablösung bis zur tatsächlich erfolgten Erlage der Ablösungssummen belastet und zwar mit den Rechtsfolgen Art. 15 u. 17 des Ges v. 28 April 1872.

Mit diesem Abmaße können demnach auch während eines Verwaltungsrechtsstreits über die Ablösungspflicht die betr. Grundstücke veräußert und bei sonst gegebener Voraussetzung in die öffentlichen Bücher umschrieben werden. Ob dem Besitznachfolger ein zivilrechtlicher Regreß an den Güterhändler zusteht oder nicht, hängt von besonderen Umständen des einzelnen Falles ab.

Die Güterhändler sind den Kgl. Rentämtern in der Regel schon von der Steuerveranlagung her bekannt. Auch die Umschreibverzeichnisse geben gute Aufschlüsse. Gemäß Ziff. 15 Abs. 4 der VollzugsBek. erhalten die Kgl. Rentämter von den Kgl. Bezirksämtern Mitteilungen über die Anzeigen nach der MBek. v. 1. Juli 1894 (GVBl. S 19).

Darlehenskassen- und Raiffeisen-Vereine sollen nicht als Güterhändler erachtet werden (Ziff 15 Abs. 1, b, c).

Begonnen ist die Zertrümmerung mit dem Verkaufe der ersten Parzelle. Die Anmeldung und Anerkennung der Ablösungspflicht befreit selbstredend die Grundstücke noch nicht von der Bodenzinslast, sondern erst die tatsächliche Erlage der Ablösungssummen.

Die Ablösungspflicht tritt auch bezüglich der vor dem Inkrafttreten des Gesetzes von einem gewerbsmäßigen Güterhändler erworbenen, jedoch erst nach diesem Zeitpunkt (7 Februar 1898) zertrümmerten Komplexes ein (FMEntschl. v 26. Febr. 1898 Nr. 4215). Bezüglich der Verfahrens bei Streitigkeiten über die Ablösungspflicht siehe Entsch. d. StMin. d. Inn. v. 19. Febr. 1898 [S. Anhang, Anlage Nr. 3].

An Entscheidungen des Bay VerwGerH. und des Bay Oberst LG. wären zu erwähnen:

1. 4. Juli 1898. Band XIX S. 294.

Als gewerbsmäßiger Händler mit ländlichen Grundstücken ist derjenige zu erachten, welcher wiederholt Erwerbs- und Veräußerungsverhandlungen tatsächlich vorgenommen hat, wenn auch die Absicht auf einen dauernden Geschäftsbetrieb nicht damit verbunden war.

Ob die Voraussetzungen eines gewerbsmäßigen Güterhandels vorliegen, ist Tatfrage, zu deren Feststellung die An- und Abmeldung beim Kgl. Rentamt oder der Polizeibehörde nicht allein maßgebend ist.

2. 23. Mai 1898. Band XIX S 72.

Art. 19 Abs. 1 des Ges. v. 2. Febr. 1898 über die Fortsetzung der Grundentlastung kommt bei jeder nach dem 7. Februar 1898 stattgehabten Zertrümmerung eines wenn auch schon vor diesem Zeitpunkte übernommenen teilweise veräußerten Komplexes in Anwendung.

Die verwaltungsrechtliche Entscheidung hat über den rentamtlichen Antrag nicht hinauszugehen. Gleiche Entscheidung v. 16. Mai 1898 siehe FMBl. 1898 S. 272.

3. 27. Dezember 1898 Band XX S. 64.

Bei der Zertrümmerung eines landwirtschaftlichen Gutskomplexes durch einen gewerbsmäßigen Händler mit ländlichen Grundstücken ist ein Streitfall erst dann gegeben, wenn das Rentamt die Ablösung verlangt und der Güterhändler hiegegen Widerspruch erhebt (vgl. Entsch. v 19. Dez. 1898 u. FMBl. 1899 S. 61).

4. 3. Oktober 1898. Band XX S. 8.

Wenn ein gewerbsmäßiger Händler mit ländlichen Grundstücken, welcher vor dem 7. Februar 1898 einen landwirtschaftlichen Gutskomplex zum Zwecke der Zertrümmerung erworben hat und nach diesem Zeitpunkte zur weiteren oder vollständigen Durchführung der Zertrümmerung ein Grundstück oder mehrere derselben veräußert, ist die Ablösungspflicht gegeben

5. 1. Mai 1899. Band XX S 129.

Die Voraussetzungen des Art. 19 Abs. 1 des Ges. v. 2. Febr 1898, die Fortsetzung der Grundentlastung betr., sind auch dann gegeben, wenn neben einem gewerbsmäßigen Händler mit ländlichen Grundstücken andere Personen, welche keine solchen Händler sind, an der Zertrümmerung sich beteiligen.

Die Art und Weise der Grunderwerbung des zertrümmerten Komplexes sind für die Ablösungspflicht belanglos.

6. 16. Febr. 1899 FMBl 1899 S. 29.

Die Vornahme einer einzigen Anwesenszertrümmerung berechtigt zur Annahme eines gewerbsmäßigen Güterhandels nur dann, wenn mit Sicherheit zu erkennen ist, daß hiemit der Anfang zu einer fortgesetzten auf Gewinn gerichteten Tätigkeit gemacht ist.

7. 13. November 1899. Band XXI S. 42.

Auch Terraingesellschaften, welche als gewerbsmäßige Händler mit ländlichen Grundstücken landwirtschaftliche Gutskomplexe zertrümmern, sind zur Ablösung der auf diesen Komplexen ruhenden Bodenzinse verbunden.

8. 2. Juli 1900. (Nicht gedruckt.)

Die Ablösungspflicht setzt die Zertrümmerung eines landwirtschaftlichen Komplexes voraus.

Einzelne Plannummern bilden, wenn sie auch aus einem früheren landwirtschaftlichen Komplexe erworben wurden, keinen Komplex im Sinne des Art. 19.

9. 24 September 1900. Band XXII S. 29

Die Verpflichtung zur Ablösung der Bodenzinse ist auch dann gegeben, wenn die von einem gewerbsmäßigen Händler mit ländlichen Grundstücken ohne rechtsförmliche Vollmacht im Namen eines Anderen abgeschlossenen Verträge über Veräußerungen aus einem zu zertrümmernden Gutskomplexe erst nachträglich von dem Grundeigentümer genehmigt werden.

10. 17 Dezember 1900 Band XXIII.

Die Voraussetzungen für die Verpflichtung zur Ablösung nach Art. 19 Abs. 1 können auch dann gegeben sein, wenn nicht der gewerbsmäßige Händler mit ländlichen Grundstücken, sondern ein Dritter die notarielle Verlautbarung der Grundstücksveräußerungen vornehmen ließ, während der Güterhändler die in dieser seiner Eigenschaft übernommene Zertrümmerung faktisch selbständig geleitet hat und der Dritte nur zur Vermeidung der Ablösungspflicht vorgeschoben erscheint.

11. 2. Dezember 1901. Band XXIII S. 195.

Die Anwendbarkeit des Art. 19 Abs. 1 ist auch dann nicht ausgeschlossen, wenn ein gewerbsmäßiger Güterhändler zur Umgehung dieses Gesetzes für die Verlautbarung eines Kauf- und Zertrümmerungsgeschäftes eine andere Person als Käufer und Zertrümmerer vorschiebt, er selbst aber als eigentlicher Geschäftsführer erscheint.

12. 10. März 1902. Band XXIII S. 223

Als ein Gutskomplex im Sinne des Art 19 Abs. 1 kann auch ein kleines Anwesen erachtet werden. Für die Frage, ob ein gewerbsmäßiger Güterhandel vorliegt, ist entscheidend, ob behufs Erzielung eines handelmäßigen Gewinnes Grundstücke umgesetzt wurden und diese Umsätze wiederholt oder doch mit nachgewiesener Absicht der Wiederholung erfolgt sind

13. 10. März 1902. FMBl. S. 134.

Ein Güterhandelsgeschäft ist auch dann gegeben, wenn ein im Subhastationsverfahren von einem Güterhändler als Hypothekgläubiger eingesteigertes Anwesen zertrümmert wird.

14. 7. Juli 1902 Band XXIV S 121.

Als gewerbsmäßiger Güterhändler gilt auch derjenige, welcher mit einem gewerbsmäßigen Güterhändler als stillem Teilhaber in Verbindung steht und auf gemeinschaftliche Rechnung mit letzterem Güterzertrümmerungen vornimmt.

Die Absicht auf dauernden Geschäftsbetrieb ist begrifflich zur Gewerbsmäßigkeit des Handels nicht nötig, es genügt eine Mehrzahl von Erwerbs- und Verkaufsgeschäften zum Zwecke der Gewinnerzielung.

15. 22. September 1902. Band XXIV S. 167.

Die Zertrümmerung eines landwirtschaftlichen Anwesens liegt auch dann vor, wenn die Grundstücke von dem hiezu gehörigen Hause im ganzen wegverkauft werden

Auch der stille Teilhaber eines Güterhändlers ist als gewerbsmäßiger Händler im Sinne des Art 19 zu erachten.

16. 13 Oktober 1902. Band XXIV S 167

Wenn ein Landwirt sein bisher selbst bewirtschaftetes Anwesen parzellenweise, aber nicht in gewerbsmäßiger Handelstätigkeit veräußert und sich hiebei der Vermittlung eines gewerbsmäßigen Güterhändlers bedient, ohne daß letzterer zum Vertragsabschlusse und zur Vertretung des Eigentümers bei der notariellen Verbriefung bevollmächtigt ist, so ist der Güterhändler nicht ablösungspflichtig, soferne er nicht als stiller Geschäftsteilhaber erscheint.

17. 15. Dezember 1902. Band XXIV S. 286.

Beschwerden gegen Strafbeschlüsse der Distriktsverwaltungsbehörden wegen Verweigerung des Zeugnisses der Eidesleistung in Verwaltungsrechtssachen werden in letzter Instanz vom Kgl. Verwaltungsgerichtshofe entschieden.

18. 22 Dezember 1902. Band XXIV S. 292.

Zum Begriffe „landwirtschaftlicher Gutskomplex" im Sinne des Art. 19 Abs. 1 ist zwar nicht erforderlich, daß die einzelnen landwirtschaftlichen Grundstücke räumlich zusammenhängen, wohl aber, daß dieselben als zu einem landwirtschaftlichen Wohn- und Wirtschaftsgebäude gehörig zu erachten sind.

19. 11 Mai 1903. Band XXIV S. 310.

Die nachträgliche Genehmigung einer Anwesenszertrümmerung, welche ein gewerbsmäßiger Händler mit ländlichen Grundstücken ohne Vollmacht, aber in Vertretung eines Anderen von dem Notar beurkunden ließ, durch diesen Anderen ist im Hinblicke auf die Bestimmungen des BGB. der vorgängigen Vollmachtserteilung im Sinne des Art. 19 Abs. 1 gleich zu erachten. Um die Anwendbarkeit des Art. 19 Abs. 1 zu begründen, muß dieser „Andere", für welchen der Güterhändler handelt, nicht selbst gewerbsmäßiger Güterhändler sein. Belanglos ist es, ob der Güterhändler für die betreffende Zertrümmerung besonders entlohnt worden ist.

20. Entsch. d. Oberst LG. FMBl. 1901. S. 401.

Die Annahme einer Zertrümmerung im eigenen Namen kann nicht dadurch unmöglich gemacht werden, daß der Händler eine nicht mit der gewerbsmäßigen Güterzertrümmerung befaßte Person ohne Angabe des Stellvertretungsverhältnisses als Käufer und schließlich bei den einzelnen Zertrümmerungen als Verkäufer in den notariellen Urkunden auftreten läßt, während er selbst in Wirklichkeit das ganze Geschäft betrieben hat. —

Strafbar ist nur die Unterlassung der Anzeige, nicht der tatsächlichen Ablösung Wenn daher der Güterhändler rechtzeitig, vor Verlautbarung der Gutszertrümmerung Anzeige an das Kgl. Rentamt erstattet, die tatsächliche Ablösung jedoch nicht vornimmt, so ist er nicht strafbar.

Das Strafverfahren muß bei gegebenem Tatbestande eingeleitet werden. Es ist nicht in das Ermessen des Rentamtes gestellt hievon abzusehen. Das Ausmaß der Geldstrafe liegt im rentamtlichen Ermessen und wird sich nach dem Umfange des Geschäfts und nach dem Grade der vorhandenen Arglist bestimmen.

Art. 20.

Die Zuständigkeit und das Verfahren bei einer Zuwiderhandlung nach Art. 19 Abs. 2 des gegenwärtigen Gesetzes richtet sich nach den allgemeinen Vorschriften des Reichs-Gerichtsverfassungsgesetzes und der Reichs-Strafprozeß-Ordnung.

Hinsichtlich des Verfahrens im Verwaltungswege finden die Vorschriften in Art. 86, 87 Abs. 1, Art. 88 Abs. 1, Art. 89 Abs. 1—3 und Abs. 5, Art. 90, 91 und 92 Abs. 2 des Gesetzes zur Ausführung der Reichs-Strafprozeß-Ordnung entsprechende Anwendung mit der Maßgabe, daß an Stelle der Zollbehörden hier die Rentämter zu treten haben.

Die Strafverfolgung von Zuwiderhandlungen nach Art. 19 Abs. 2 des gegenwärtigen Gesetzes verjährt in drei Jahren; die Vollstreckung der rechtskräftig ausgesprochenen Strafen verjährt in fünf Jahren.

Das Verfahren ist im Wesen dasselbe wie bei Zuwiderhandlungen gegen die Steuergesetze. In Betracht kommen außer den im zweiten Absatz allegierten gesetzlichen Bestimmungen:

§§ 459—469 der StPO.

§ 27 Ziff. 2 u. § 75 Ziff. 15 des GVG.

§ 8 mit 16 der Bek. v. 30. Sept. 1881 FMBl. S. 355, jedoch mit dem in Ziff. 15 Abs. III der Vollzugs-Bek. [Anhang, Anlage Nr. 1] gegebenen Abmaße, daß Ratenzahlungen zuerst auf die Strafe und dann auf die Kosten des Strafverfahrens anzurechnen sind.

Die Zuständigkeit des Schöffen- oder Landgerichtes hängt, nachdem die Strafe in einem Vielfachen der Ablösungssumme besteht, von letzterer ab.

Beträgt der Ablösungsschilling 200 Mk. und darunter, so ist immer die Zuständigkeit des Schöffengerichtes gegeben. Ist derselbe höher, so ist zunächst die landgerichtliche Zuständigkeit gegeben. Das Kgl. Landgericht kann jedoch, wenn die Strafe voraussichtlich 600 Mk. nicht überschreitet, die Sache an das Schöffengericht verweisen. Revisionsinstanz ist das Bay. Oberste Landesgericht in München (§ 123 GVG., Art. 147 XII AG. z. BGB).

Der Begriff „Güterhändler" und „Güterzertrümmerung" sind im Strafverfahren unabhängig von dem verwaltungsrechtlichen Verfahren nach Art. 19 Abs. 1 vom Strafrichter zu würdigen. Der Strafrichter kann, aber muß nicht das Verfahren bis zur verwaltungsrechtlichen Entscheidung aussetzen. StPO § 261; Entsch. d Gerichtshofs f. Kompetenzkonflikte v. 12. Juli 1883, Bd. IV GVBl 1863.)

Art. 21.

Bei Grundstücken, welche dauernd dem landwirtschaftlichen Betriebe entzogen werden, kann das Rentamt die gänzliche Ablösung der auf denselben lastenden Bodenzinse verlangen. Ueber die Frage, ob ein Grundstück dauernd dem landwirtschaftlichen Betriebe entzogen ist, entscheidet auf Anrufen des Pflichtigen die Distriktsverwaltungsbehörde, in deren Bezirk das Grundstück gelegen ist, in erster, die Kgl. Regierung, Kammer des Innern, in zweiter und letzter Instanz.

Die Berechnung des jeweils bestehenden Restkapitales erfolgt bei den auf Grund gegenwärtigen Artikels, dann des Art. 19 stattfindenden Ablösungen sowie bei den Ablösungen im Vollzuge des Art. 15 Abs. 1 des Gesetzes vom 28. April 1872, insoferne es sich um Bodenzinse zur Ablösungskasse handelt, auf Grund der vom Kgl. Staatsministerium der Finanzen bekannt gegebenen Reduktionstabelle, bei den Bodenzinsen zur Staatskasse aber vom 1. Januar 1902 an unter sinngemäßer Anwendung der Bestimmung in Art. 12 Abs. 2. Hinsichtlich der Verwendung der aus den zwangsweisen Ablösungen von Bodenzinsen zur Staatskasse anfallenden Kapitalien hat die Bestimmung in Art. 12 Abs. 3 gleichmäßig Maß zu geben.

Ueber die einzelnen Anwendungsfälle vgl. Ziff. 16 Vollzugs-Bek. v. 5. Febr. 1898 [S. Anhang, Anlage Nr. 1]. Veranlassung zur Forderung der Ablösung wird das Kgl. Rentamt durch die Neubauten-Anzeigen, Ummessungsoperate, Besitzveränderungsanzeigen der Notare rc finden.

Die Ablösungspflicht ist gegeben, sobald das Kgl. Rentamt die gesetzlich begründete Anforderung auf Ablösung gestellt hat.

Weder das verwaltungsrichterliche Urteil, noch die ausdrückliche Anerkennung wirken begründend, sondern nur feststellend, daher nicht ex nunc, sondern ex tunc, d. i. vom Zeitpunkte der rentamtlichen Anforderung an.

Die Ablösung ist eine Zwangsablösung, nimmt daher nicht an den Vorteilen des Art. 16 teil.

Bezüglich der Staatskassabodenzinse wird jedoch die Amortisationsquote vom 1. Januar 1902, wie bei allen Zwangsablösungen, so auch hier zugestanden.

Bezüglich der Verwendung der Ablösungsschillinge vgl. Anmerkung zu Art. 12 oben.

Verwaltungsrichterliche Entscheidungen sind bis jetzt nicht ergangen.

Die Erhebung des Anspruches beim Vorhandensein der gesetzlichen Voraussetzungen ist in das Ermessen des Rentamts gestellt. Dieses Ermessen ist nicht Gegenstand verwaltungsrechtlicher Würdigung, vgl. Krais, VGHGes. Art. 13 Abs. I Ziff. 3 S. 154/5.

Art. 22.

Der Pflichtige, der seine Schuldigkeit ablöst, ist befugt, auf dem bodenzinspflichtigen Grundstücke im Range vor den zur Zeit der Ablösung eingetragenen Hypotheken für ein Kapital bis zu dem Betrage der Ablösungssumme eine Hypothek zu bestellen.

Die Befugnis erlischt, wenn der ablösende Grundeigentümer von ihr innerhalb dreier Monate nach der Ablösung oder bei der Bestellung einer Hypothek nach der Ablösung keinen Gebrauch gemacht hat.

Die Vorschriften der Art. 19, 20 des Ausführungsgesetzes zu der Grundbuchordnung und zu dem Gesetze über die Zwangsversteigerung und die Zwangsverwaltung vom 9. Juni 1899 finden mit dem Zeitpunkte Anwendung, in dem das Grundbuch als angelegt anzusehen ist.

Diese Bestimmung bezweckt die Erleichterung der Beschaffung der Ablösungssummen durch Hypothekaufnahme.

Sie bildet gewissermaßen ein Analogon zu § 84 des Bay. HypG. und steht mit dem Prinzipe der Eigentümerhypothek des BGB. § 117 im Einklange.

Ihre rechtliche und logische Begründung findet dieselbe in der Erwägung, daß die Ablösungskapitalien das Surrogat der den Bodenzinsen zugrunde liegenden Reallast bilden und daher den Hypothekkapitalien vorgehen (vgl. Motive d. KABhdl. Beil. Bd. XIV 1897/98 S. 485).

Das Recht zur Hypothekbestellung besteht zweifellos bei allen freiwilligen und bei den Zwangsablösungen nach Art. 15 Abs 1, Art. 21.

Bei den Zwangsablösungen nach Art. 19 dürfte es mit der Intention des Gesetzes, in diesem Falle definitive Befreiung der Grundstücke zu schaffen, nicht vereinbarlich sein.

Das aufzunehmende Hypothekenkapital darf selbstverständlich nicht höher sein als das Ablösungskapital (nicht das ursprüngliche Bodenzinskapital). Die Beschränkung des Zinsenbetrages ist mit Art. 173 AG. z. BGB. aufgehoben worden.

Abs. 3 wurde durch die Novelle vom 10. August 1904 GVBl. S. 277 angefügt und bezieht sich auf die Zeit nach der Grundbuchanlage.

Wird die Hypothek für das Ablösungskapital im Grundbuch eingetragen, so kann sie naturgemäß auf dem Grundbuchblatte nur nach den bereits eingetragenen Hypotheken vorgetragen werden.

Soll sie aber ihren Vorrang dem öffentlichen Glauben des Grundbuchs gegenüber behaupten, so muß dieselbe durch eine besondere Vormerkung bei den vorstehenden Hypotheken geschützt werden

Nun bestimmen § 42 mit 44 der GBO., daß bei Briefshypotheken — und die Briefshypothek ist in Zukunft die Regel (§ 1116 des BGB). — dann bei Briefsgrundrentenschulden, sowie bei Hypotheken aus Wechseln und indossablen Papieren (Warrants) Vormerkungen im Grundbuche nur dann gemacht werden dürfen, wenn der betreffende Hypothekenbrief dem Grundbuchamte vorgelegt wird, damit dieses die Vormerkung noch auf den Brief setzen kann.

Gemäß § 83 der GBO. im Zusammenhalte mit Art. 113, 114 und 116 des EG. z. BGB. der Landesgesetzgebung ist jedoch ermächtigt Ausnahmen von dieser Regel zu machen.

Schon in Art. 19 und 20 des Bay. AG z GBO. wurden für die Fälle der Zwangsenteignung, der Gemeinheitsteilung und Ablösung von Dienstbarkeiten Ausnahmen geschaffen. In gleicher Weise wird nunmehr auch für den Eintrag eines Vorrangs der Ablösungshypothek eine Ausnahme gemacht, sodaß dieselbe ohne vorherige Vorlage der Hypothekenbücher erfolgen kann.

Nach der Eintragung wird der Hypothekenbrief vom Grundbuchamte verlangt und dessen Vorlage eventuell durch Ordnungsstrafen erzwungen werden.

Art. 19 und 20 d. AG. z. GBO. lauten:

Auf die Eintragungen, welche im Falle einer Zwangsenteignung oder Zwangsbelastung, einer Gemeinheitsteilung oder einer Ablösung von Dienstbarkeiten oder anderen Rechten veranlaßt sind, finden die Vorschriften der §§ 42 bis 44 der Grundbuchordnung keine Anwendung. Das Grundbuchamt hat den Besitzer des Hypotheken-, Grundschuld- oder Rentenschuldbriefs zur Vorlegung anzuhalten, um nach den Vorschriften des § 62 Abs 1, des § 69 und des § 70 Abs. 1 der Grundbuchordnung zu verfahren.

Das Grundbuchamt kann in den Fällen, in welchen es den Besitzer des Hypotheken-, Grundschuld- oder Rentenschuldbriefes zur Vorlegung anzuhalten hat, die Vorlegung durch Ordnungsstrafen erzwingen.

Art. 23.

Für Schuldbekenntnisse mit Hypothekbestellung und Einträge in das Hypothekenbuch nach Art. 22 werden Gebühren zur Staatskasse nicht erhoben.

Soll gleichfalls zur Erleichterung von Ersatzkapitalien (Art. 22) dienen. Es muß daher der Zweck der Darlehensaufnahme in den notariellen Schuldbekenntnissen mit Hypothekbestellung ausdrücklich angegeben werden, um diese Gebührenfreiheit sicher zu erlangen.

Art. 23 a.

Uebernimmt eine Gemeinde für alle Bodenzinspflichtigen des Gemeindebezirkes oder einen Teil von ihnen die Ablösung der Bodenzinse in der Weise, daß die Pflichtigen an sie die auf die einzelnen Grundstücke treffenden Beträge durch Annuitäten zu tilgen haben, so sind die Jahresleistungen, soweit sie den Betrag der bisher geschuldeten Leistungen nicht übersteigen, öffentliche Lasten der Grundstücke; die Haftung erlischt mit dem Ablaufe von zwei Jahren nach dem Eintritte des Zeitpunkts, von dem an die Leistung gefordert werden kann, wenn nicht vorher die Beschlagnahme des Grundstückes erfolgt ist. Der Eigentümer haftet für die während der Dauer seines Eigentumes fällig werdenden Leistungen auch persönlich, im Falle eines Eigentumswechsels geht die Haftung des bisherigen Eigentümers für Rückstände auf den neuen Eigentümer über. Die Vollstreckung wegen rückständiger Leistungen erfolgt nach den für die Beitreibung der Gemeindeumlagen bestehenden Vorschriften.

Novelle vom 10. August 1904 GVBl. S. 277.

Diese Gesetzesbestimmung ist veranlaßt einerseits durch die bei gemeindeweisen Ablösungen entstandenen Schwierigkeiten beim hypothekenamtlichen Vollzug und die durch die Hypothekbestellungen veranlaßten bedeutenden Kosten, anderseits durch die Verlustgefahr der Gemeinden bei gänzlicher Unterlassung hypothekarischer Sicherung der Ablösungssummen.

Zu dem Staate tritt die die Ablösung vermittelnde Gemeinde nur insoweit in rechtliche Beziehungen, als sie die Ablösungsbedingungen für die Pflichtigen, sei es als Bevollmächtigter oder Geschäftsführer ohne Auftrag, vereinbart. Vor allem ist festzustellen, daß es sich um keine Ueberweisung der Bodenzinse an die Gemeinde handelt.

Art. 23a setzt an Stelle der privatrechtlichen Annuitäten öffentliche rechtliche Abgaben. Jedoch entstehen diese Leistungen nicht kraft Gesetzes, sondern die Annuitäten werden erst auf Grund Vereinbarung mit den Pflichtigen, also auf Grund Vertrages errichtet und haben mit den früheren Bodenzinsen nur das gemein, daß sie auf den gleichen Grundstücken beruhen. Im übrigen sind sie ganz andere von den früheren Bodenzinsen unabhängige Leistungen.

Natürlich haben diese Abgaben weder die Vorzüge der früheren Bodenzinse noch finden auf dieselben die Bestimmungen über Zwangsablösungen Anwendung; diese Rechte sind mit dem Erlöschen der Bodenzinse infolge Ablösung in Wegfall gekommen.

Dagegen genießen die für die früher mit Bodenzins belasteten Grundstücke bestimmten neuen öffentlichrechtlichen Abgaben nachstehende Rechte bzw. Vorrechte:

1. Dingliche Haftung der Grundstücke für die Jahresleistungen aus den letzten zwei Jahren.
2. Persönliche Haftung des Eigentümers für alle während seines Besitzes verfallenen Jahresleistungen.
3. Uebergang der persönlichen Haftung auf den Besitznachfolger für alle bestehenden Rückstände.
4. Beitreibung der rückständigen Leistungen im administrativen Zwangsverfahren.

Voraussetzung dieser Vorrechte ist, daß die Jahresleistungen die bisherigen Leistungen nicht übersteigen, also nicht mehr betragen als der 3½%ige Bodenzins. Diese Beschränkung entspricht der Vorschrift des Art. 22.

Nachdem bei den gemeindeweisen Ablösungen meist sehr niedrige Ablösungssummen (15facher Betrag und darunter) bewilligt werden, ist hiemit für die Verzinsungs- und Tilgungsquote noch hinreichende Sicherheit gegeben.

Die Verjährung der Leistungen und der Wegfall der persönlichen Haftung bestimmt sich nach Art. 124 des AG z. BGB.

Mit dem Uebergang der persönlichen Haftung für die Rückstände auf den neuen Erwerber erlischt die Haftung des bisherigen Besitzers.

Der Uebergang der persönlichen Haftung auf den Besitznachfolger gilt unbeschränkt nur für den Fall der freiwilligen Veräußerung Für die Zwangsveräußerung kommen die Bestimmungen der Subhastationsordnung und vom Zeitpunkte der Anlage des Grundbuches jene des Zwangsversteigerungsgesetzes in Anwendung. Hieher sind bis zur Grundbuchanlage einschlägig Art. 108 Abs. I Nr. 1 der BayGO. und nach derselben § 10 Abs. II Ziff. 3 des Zwangsversteigerungsgesetzes (vgl Henle, Anm. 1—3 zu Art. 122 AG. z. BGB.)

Eine Vorschrift für den Fall der Teilung der belasteten Grundstücke ist nicht gegeben.

Es muß vielmehr nach Analogie der Reallasten (BGB. § 1109 Abs. I) angenommen werden, daß die Leistung mangels Vereinbarung zwischen der Gemeinde und den Verpflichteten ungeteilt auf allen Teilen haftet, allein hiermit ist bei großen Zertrümmerungen praktisch recht wenig gewonnen. Hier wäre schon eine Ablösungsvorschrift nicht unangebracht gewesen. Es ist nicht zu verkennen, daß den Gemeinden in diesem Punkte mit der Zeit sehr große Schwierigkeiten erwachsen können.

Die Bestimmungen des Art. 23a gelten auch für die vor dem Inkrafttreten des Gesetzes vom 2. Februar 1898 erfolgten Ablösungen solcher Art, soweit nicht zur Zeit des Inkrafttretens des Gesetzes zur Sicherung der Gemeinde Hypotheken eingetragen worden sind.

Art. 24.

Die den Kgl. Rentämtern zustehenden Exekutionsbefugnisse erstrecken sich auch auf die im Vollzuge der Art. 19 und 21 anfallenden Ablösungskapitalien.

In Besitzveränderungsfällen steht der neue Erwerber für alle Rückstände ein; entgegenstehende Vertragsbestimmungen können nur zum Regresse gegen Mitkontrahenten berechtigen.

1. Abs. 1 war notwendig, weil nach Art. 19 u. 21 neue Arten von Zahlungsverbindlichkeiten gegenüber der Staatskasse und der Ablösungskasse entstehen.

2. Die dingliche Haftung der Grundstücke für die Ablösungskapitalien ergibt sich aus ihrer Eigenschaft als Surrogate der den Bodenzinsen zugrunde liegenden Reallast (vgl. Anm. zu Art. 22 Stengel, Grundentlastung S. 137).

Die im Gesetze besonders statuierte Haftung des neuen Erwerbers kann daher nur eine persönliche Haftung desselben neben der dinglichen Haftung der Grundstücke sein.

Der Uebergang dieser Haftung dürfte sich aber auch hier auf die freiwilligen Besitzveränderungen beschränken Für das Zwangsversteigerungsverfahren kommen dagegen Art. 33, 94, 108 BayGO. bzw. nach der Grundbuchanlage § 44, 45 und 52 des ZVG. in Anwendung.

Art. 25.

Das Kgl. Staatsministerium der Finanzen wird ermächtigt, an den jährlichen Leistungen zur Staats- und Ablösungskasse bedürftigen Pflichtigen auf Ansuchen in unverschuldeten Unglücksfällen oder bei unverhältnismäßig hoher

Belastung des Grundbesitzes mit Bodenzinsen einen angemessenen Nachlaß zu gewähren.

Das Kgl. Staatsministerium der Finanzen wird ferner ermächtigt, Pflichtigen in Fällen, in welchen die begründete Vermutung besteht, daß die Höhe der Grundgefälle mit Rücksicht auf besonders verliehene, nunmehr weggefallene oder wesentlich entwertete Rechte bemessen war, auf Ansuchen einen angemessenen Nachlaß zu gewähren oder mit den Pflichtigen eine Ablösung auf einen geringeren Kapitalsbetrag zu vereinbaren.

Die nachgelassenen Bodenzins- und Kapitalsbeträge zur Ablösungskasse sind im vollen Betrage von der Staatskasse an die Ablösungskasse zu vergüten. Bei den Bodenzinsen zur Staatskasse ist vom Jahre 1903 an zum teilweisen Ersatze der nachgelassenen Kapitalsbeträge die sich nach Art. 12 Abs. 2 berechnende Quote dem Amortisationsfonde zu entnehmen.

Die Summe der Nachlässe soll zur Staats- und Ablösungskasse zusammen den Betrag von jährlich 500 000 Mark nicht übersteigen. Der in einem Jahre unverwendete Rest dieser Summe ist übertragbar und kann in späteren Jahren verwendet werden.

Das Kgl. Staatsministerium der Finanzen wird ermächtigt, auch in anderen als den in Art. 25 Abs. 2 des Gesetzes vom 2. Februar 1898, die Fortsetzung der Grundentlastung betreffend, bezeichneten Fällen mit den Grundgefällspflichtigen eine Ablösung auf einen geringeren Kapitalsbetrag zu vereinbaren und zu diesem Zwecke, insoferne die gemäß Abs. 4 zur Verfügung gestellten Mittel durch die auf Grund des Abs. 1 und 2 gewährten Nachlässe an Bodenzins- und Kapitalsbeträgen erschöpft sind, einen weiteren jährlichen Betrag bis zu 500 000 Mk. zu verwenden.

Novelle vom 12. Dez. 1899 GVBl. S 727.

Das Gesetz gewährt in seiner gegenwärtigen Fassung

1. Nachlässe an der jährlichen Bodenzinsschuldigkeit bei unverhältnismäßig hoher Belastung, namentlich wenn anzunehmen ist, daß die Bodenzinsschuldigkeit zum Teil auf nun entwerteten oder in Wegfall gekommenen Rechten lastete, dann bei unverschuldeten Unglücksfällen und gleichzeitig vorhandener Bedürftigkeit.

2. Nachlässe am Ablösungskapitale bzw. Vereinbarung eines niedrigeren Ablösungsmaßstabes bei unverhältnismäßig hoher Belastung, wenn anzunehmen ist, daß diese Belastung mit Rücksicht auf nun entwertete und weggefallene Rechte bemessen war.

(Solche Rechte sind die Müllereigerechtsamen, Ehehaften und Zwangsbaurechte ꝛc.)

3. Nachlässe an der Ablösungsschuldigkeit auch in anderen Fällen nach dem Ermessen der Staatsregierung.

Außer den durch die Gesetze vom $\frac{\text{2. Februar 1898}}{\text{12 Dezember 1899}}$ bewilligten Summen zu je 500 000 Mk. jährlich wurden weiter zu Ablösungen im verminderten Maßstabe zur Verfügung gestellt: 2 000 000 Ges. v. 18. Dez. 1901 GVBl. S. 727; 1 000 000 Ges. v. 10. Aug. 1904 GVBl. S 279.

Zum Vollzuge des Art. 25 ergingen nachstehende Bestimmungen:

1. FMEntschl. v. 25. März 1898 FMBl. S. 167—172 [Abgedruckt im Anhang, Anlage Nr. 4].

2. FMEntschl. v 28. Sept. 1899 FMBl. S. 207/9 [Abgedruckt im Anhang, Anlage Nr. 5]

3. FMEntschl v. 3. Febr. 1900 FMBl. S. 119—127 [Abgedruckt im Anhang, Anlage Nr. 6].

Durch letztere Bestimmung wird entsprechend der Gesetzesnovelle v. 12. Dez. 1899 Ziff. I 2 die Entschl. v. 25. März 1898 modifiziert.

Die rechnerische Behandlung der Nachlässe regeln FMEntschl. v. 9. März 1899 FMBl S. 42/6 [Abgedruckt im Anhang, Anlage Nr. 7] (Ziff. 4 Abs. 1 dieser Bestimmung ist durch die neue Rentamtsorganisation gegenstandlos geworden) und FMEntschl. v. 18. März 1902 FMBl. S 103/4 [Abgedruckt im Anhang. Anlage Nr. 8].

Die gesetzlichen und verordnungsmäßigen Voraussetzungen für die Bodenzins- und Kapitalsnachlässe müssen seitens der Kgl. Rentämter genauestens erhoben werden.

Hiebei ist eventuell mit den Amtsgerichten (Hypothekämtern), Distrikts- und Ortspolizeibehörden, amtlichen Aerzten und Tierärzten ins Benehmen zu treten Zum Zwecke gleichmäßigen Vollzugs sind eigene Fragebogen eingeführt worden [Siehe Anhang, Formular Nr. 1].

Die Resultate dieser Erhebungen werden in dem Bodenzinsnachlaßverzeichnis zusammengestellt. Dieses Verzeichnis dient auch zur Aufnahme des rentamtlichen sowie des Gutachtens der Kgl. Regierungsfinanzkammer [Siehe Anhang, Formular Nr. 2].

Bei gemeindeweisen Ablösungsangeboten ist eine individuelle Erhebung der Vermögens- und sonstigen Verhältnisse nicht geboten. Es genügen allgemeine Aeußerungen des Kgl. Rentamts über die Zahl der Bodenzinspflichtigen, dann der zur Ablösung bereitwilligen Pflichtigen für allgemeine Ausführungen über Erwerbs- und Vermögensverhältnisse der Gemeindeangehörigen.

Auch die Legitimation der Gemeinden zur Antragstellung ist keiner Prüfung zu unterstellen (FMEntschl. v. 25. März 1904 Nr. 8240). Die Vereinbarungen der Ablösungssumme sind persönlicher Natur und daher einem Nachfolger des Pflichtigen gegenüber nicht bindend. (FMEntschl. v. 28 Nov. Nr. 1901 27136).

Die Rentämter sind zur Abweisung der Ablösungsangebote nicht befugt, haben vielmehr alle Angebote nach möglichst schleuniger Instruktion auf die Dürftigkeit in Vorlage zu bringen (FMEntschl. v. 22. Dez. 1903 FMBl. S. 584).

Die Ablösungsangebote nach Art. 25 werden in einem besonderen

Verzeichnisse nebst rentamtl Gutachten nachgewiesen [Siehe Anhang, Formular Nr. 3].

Die Genehmigung der Ablösungsangebote erfolgt durch das Kgl. Staatsministerium der Finanzen. Ueber die Einzahlung der Ablösungssummen sind besondere Erlagsprotokolle aufzunehmen, in welchen die einzelnen Bodenzinsschillinge und je die Zinsen aus den ursprünglichen Kapitalien ersichtlich zu machen sind.

Zur Erwirkung der Einweisung der Nachlaßsummen sind besondere Verzeichnisse dem Kgl. Staatsministerium der Finanzen in Vorlage zu bringen [Siehe Anhang, Formular Nr. 4], (FMEntschl. v. 6. Dez. 1902 Nr. 28952).

Nach erfolgter Nachlaßeinweisung sind die Bodenzinse durch die tabellarische Verhandlung des betr. Quartals in Abgang zu setzen und zwar nach den übrigen regelmäßigen Ablösungen des betr Quartals.

Die Nachlässe wurden bis zum Jahre 1903 ganz aus den nach Art. 25 Abs. IV u. V bzw. aus den nach den besonderen Gesetzen bewilligten weiteren Summen bestritten.

Vom Jahre 1903 an wurde jedoch bezüglich der Bodenzinse der Staatskasse von den Nachlässen die nach Art. 12 Abs. 2 sich berechnende Quote dem Amortisationsfonds entnommen.

Die Nachlässe an den Bodenzinskapitalien der Ablösungskasse sind jedoch wie bisher, voll aus der betr. Willigung zu entnehmen.

Art. 26.

I. Die Bestimmungen der Art. 1—18 und der Art. 22 bis 25 treten mit dem 1. Januar 1898, die Bestimmungen der Art. 19, 20 und 21 mit dem Tage der Veröffentlichung des gegenwärtigen Gesetzes in Kraft.

Die Ausnahmen von der sofortigen Anwendbarkeit des Gesetzes beziehen sich darauf, daß die tatsächlichen Unterlagen für die Fälle nach Art. 19 u. 21 nicht vor dem 7. Febr. 1898, als dem Tage der Ausgabe des Gesetzblattes mit dem gegenwärtigen Gesetze, vorgekommen sein dürfen; Ziff. 20 der Vollzugs-Bek. v. 5. Febr. 1898 FMBl. S. 44.

Gegeben zu München, den 2. Februar 1898.

Luitpold,

Prinz von Bayern,

des Königreichs Bayern Verweser.

Dr. Frhr. v. Crailsheim. Dr. Frhr. v. Riedel. Frhr. v. Feilitzsch. Dr. Frhr. v. Leonrod. Frhr. v. Asch. Dr. v. Landmann.

Auf Allerhöchsten Befehl:
Der Oberregierungsrat
im Kgl. Staatsministerium des Innern:
Dr. Proebst.

Anhang.

I. Bekanntmachungen und Ministerialentschließungen.

Anlage Nr. 1

Bekanntmachung des Kgl. Staatsministeriums der Finanzen vom 5. Februar 1898

den Vollzug des Gesetzes über die Fortsetzung der Grundentlastung betr.
(FMBl. 1898 S. 31.)

Unter Hinweisung auf die Bekanntmachung vom 4. ds. Mts., durch welche in bezug auf Abschnitt I des Gesetzes vom 2. Februar l. Js., die Fortsetzung der Grundentlastung betr., instruktive Bestimmungen erlassen wurden, werden zum weiteren Vollzuge des bezeichneten Gesetzes nachstehende Erläuterungen und Anordnungen bekannt gegeben:

I. Die Bodenzinse der Staatskasse.

1. Nach Art. 7 u. 9 des Gesetzes vom 2. ds. Mts. werden vom 1. Januar 1898 an die 4 proz. Bodenzinse der Staatskasse um den achten Teil der Jahresleistung ermäßigt. Diese Ermäßigung wird mit dem vollen Betrage an dem in das Jahr 1898 fallenden Zahlungstermine wirksam, ohne daß etwa eine Ratierung für jenen Teil des Zahlungsjahres, welcher auf die Zeit vor dem 1. Januar 1898 trifft, stattfände. Ein am 15. November verfallender Bodenzins von 4 Mk. ist am 15. November 1898 mit 3 Mk. 50 Pfg. geschuldet; es ist nicht etwa für die Zeit vom 16. November bis 31. Dezember 1897 einschließlich noch ein 4 %iges Ratum zu entrichten. In gleicher Weise ist bei Ablösungen zu verfahren; mit Rücksicht auf Art. 26 des Gesetzes hat für die seit dem 1. Januar 1898 bis jetzt erfolgten Ablösungen entsprechende Berichtigung einzutreten.

2. In bezug auf die Bodenzinse, welche durch Annuitätenzahlungen getilgt werden, bestimmt Art. 8 des Gesetzes, daß die Pflichtigen die Wahl haben, ob sie die Annuitäten in bisheriger Weise fortentrichten oder die Annuitätenverträge auflösen wollen. Im ersteren Falle darf die Annuitätenzahlung fernerhin nicht mehr unterbrochen werden, wie dies nach Art. 30 des Ablösungsgesetzes

vom 4. Juni 1848 zulässig war. Erklärt sich dagegen der Pflichtige für die Auflösung des Annuitätenvertrages, so ist das sich ergebende Restkapital vom Jahre 1898 an mit 3½% zu verzinsen; auch hier gilt bezüglich des tatsächlichen Beginnes der 3½% igen Verzinsung das in Ziff. 1 oben Bemerkte. Für die Berechnung der Restergänzung ist die Instruktion vom 28. September 1848 (Geret Bd. 24 S. 117) maßgebend; hiebei ist in jenen Fällen, in welchen die Bezahlung der Annuitäten eine größere Anzahl von Jahren unterbrochen wurde, zu beachten, daß die Zinsen und Zinseszinsen der einzelnen Jahresraten bei den 34 jährigen Annuitäten höchstens für 33, bei den 43 jährigen Annuitäten höchstens für 42 Jahre berechnet werden dürfen und daß unter allen Umständen die fehlende Anzahl von Jahresannuitäten noch bezahlt werden muß, sohin die Zinsenansammlung die hiefür im Abrechnungsbuche angegebene Summe nicht übersteigen kann.

Die Kgl. Rentämter, bei welchen Annuitätenzahlungen noch in Rechnung liegen, haben die Pflichtigen im Sinne von Art. 8 des Gesetzes alsbald einzuvernehmen und soweit veranlaßt die vorschriftsmäßige Abrechnung zu pflegen. Die Kgl. Regierungsfinanzkammern haben den Vollzug geeignet zu überwachen.

3. Von den übrigen älteren Staatskasse-Bodenzinsen werden nach Art. 10 Abs. 1 des Gesetzes jene, welche eine höhere als eine 4% ige Verzinsung des Kapitales darstellen, um ein halbes Prozent des Kapitales ermäßigt, sohin beispielsweise die 5% igen Bodenzinse (Maierschaftsfristen, in Geld fixierte Kornbodenzinse von veräußerten Staatsrealitäten rc.) auf 4½%, d. i. um den zehnten Teil. Bezüglich des Zeitpunktes, von welchem an tatsächlich die Wirksamkeit der Ermäßigung beginnt, wird auf die Bemerkungen unter Ziff. 1 hingewiesen.

Bodenzinse, welche unter 4% betragen, erhalten keine Ermäßigung; wohl aber gilt auch für sie die Bestimmung in Art. 11 Abs. 1 des Gesetzes über die Tilgung sämtlicher Staatskasse-Bodenzinse.

4. Jene Bodenzinse, welche in Getreide fixiert und nach den Normalpreisen zu entrichten sind (Ziff. XVI Kap. 2 der Staatsfondsrechnung), sind zunächst nach Art. 10 Abs. 2 des Gesetzes in Geldbodenzinse umzuwandeln; letztere sind sodann hinsichtlich ihrer Ermäßigung in der gleichen Weise, wie die übrigen Geldbodenzinse zu behandeln. Wie bei der Umwandlung der Getreide-Reichnisse in Geldbodenzinse zu verfahren ist, besagt das Gesetz. Für die Durchschnittsberechnung sind die in den Jahren 1893 mit 1897 tatsächlich entrichteten Normalpreise maßgebend. Zur Ausführung dieser Gesetzesbestimmung haben die Kgl. Regierungsfinanzkammern,

in deren Bezirke noch solche Naturalabgaben bestehen, das Weitere alsbald zu verfügen.

5. Von dem Zeitpunkte an, mit welchem die Ermäßigung jener älteren Bodenzinse in Wirksamkeit tritt, wegen deren von den Pflichtigen die Leistung eines Steuerbeitrages gemäß Art. 2 Abs. 1 des Gesetzes vom 28. März 1852 (GBl. S. 165) bzw. Art. 11 Ziff. 3 des Gesetzes vom 19. Mai 1881 (GVBl. S. 657) beansprucht werden kann, sind auch die Steuerbeiträge entsprechend zu mindern.

6. In Art. 12 des Gesetzes ist bestimmt, daß bei freiwilligen Ablösungen von Staatskasse-Bodenzinsen dem Pflichtigen für Rechnung des Amortisationsfonds (Art. 11) der von dem letzteren verhältnismäßig auf das abzulösende Bodenzinskapital treffende Betrag, in den Jahren 1898 mit 1902 aber mindestens der Betrag von 10 % des Ablösungskapitals zugute gerechnet werde. Um für die Folge alljährlich den hienach gutzurechnenden Anteil bekannt geben zu können, ist von den Kgl. Regierungsfinanzkammern der jeweils am Schlusse des Rechnungsjahres bestehende Kapitalsbetrag für sämtliche Bodenzinse der Staatskasse, und zwar sowohl für die älteren, als für die auf Grund des Ablösungsgesetzes vom 4. Juni 1848 entstandenen und die auf Grund des Gesetzes vom 2. ds. Mts. neu übernommenen Bodenzinse, dem unterfertigten Kgl. Staatsministerium unter Vorlage eines nach Rentämtern geordneten Verzeichnisses anzuzeigen. Diese Anzeige ist am Schlusse der rentamtlichen Rechnungsstellung, spätestens aber bis 1. Mai des auf das Rechnungsjahr folgenden Jahres, sohin erstmals bis spätestens 1. Mai 1899 zu erstatten. Bis zur jeweiligen Bekanntgabe des neuen Prozentmaßes ist der für das vorhergegangene Jahr bekanntgegebene Anteil zugute zu rechnen.

Für das Jahr 1898 tritt die eventuelle Bestimmung, daß der gutzurechnende Betrag in 10 % des Ablösungskapitales besteht, in Wirksamkeit. Es hat daher bis auf weiteres bei freiwilligen Ablösungen von Staatskasse-Bodenzinsen an dem Kapitale ein Abzug von 10 % desselben einzutreten.

Von dem Rentamte ist nur der von dem Pflichtigen einbezahlte Restbetrag in Einnahme zu verrechnen. Damit aber der gutzurechnende Betrag (Abzug), welcher behufs Ergänzung des Ablösungskapitals dem Amortisationsfonde zu entnehmen ist, seiner Bestimmung zugeführt werde, muß derselbe bei der Kgl. Zentralstaatskasse in der Staatsgüterveräußerungs-Rechnung in Einnahme und in der Rechnung über den Amortisationsfond in Ausgabe durchgeführt werden. Um diese Durchführung zu sichern, ist der Abzug in dem rentamtlichen tabellarischen Ablösungsprotokolle und ebenso in der Quartals-Designation in einer besonderen Rubrik auszuweisen; auf Grund dieser Einträge in den Designationen haben sodann die Kgl. Regierungsfinanzkammern vierteljährlich eine Zusammenstellung sämtlicher gutgerechneter Beträge der Kgl. Zentralstaatskasse mitzuteilen.

Im Hinblicke auf Art. 26 des Gesetzes sind die seit dem 1. Januar l. Js. erfolgten freiwilligen Ablösungen entsprechend zu berichtigen.

7. Nach Art. 13 des Gesetzes ist vom 1. Juli l. Js. an die in Art. 15 Abs. 4 des Gesetzes vom 4. Juni 1848 bei dem Anfalle von Handlohnsäquivalenten gestattete Erleichterung, den nach Abzug eines ganzen Handlohnsbetrages verbleibenden Rest des Aequivalentes als ein 4%iges Bodenzinskapital auf dem pflichtigen Grundstücke liegen zu lassen, aufgehoben; es ist jedoch bis zu dem genannten Tage den Besitzern von handlohnspflichtigen Anwesen oder Grundstücken das Recht eingeräumt, sich bzw. ihren Besitznachfolgern durch freiwillige Bezahlung des einfachen Handlohnes die Vorteile des Gesetzes bezüglich des Restes des Aequivalentes zu sichern. Diese Vorteile bestehen insbesondere in der Herabsetzung des Zinsfußes auf 3½% und in der Tilgung des betreffenden Kapitals auf dem in Art. 11 Abs. 1 des Gesetzes bezeichneten Wege. Bei der nur noch geringen Anzahl noch nicht angefallener Handlohnsäquivalente ergeht an die Kgl. Rentämter der Auftrag, die sämtlichen bezeichneten Besitzer einzeln auf die fragliche Befugnis alsbald gegen Unterschrift aufmerksam zu machen und deren Erklärungen der Kgl. Regierungsfinanzkammer zum Nachweise des Vollzuges vorzulegen.

8. Die Bestimmungen des Gesetzes vom 2. ds. Mts. über die Ermäßigung und Tilgung der Staatskasse-Bodenzinse erstrecken sich gemäß Art. 14 nur auf die eigentlichen, auf Grund und Boden haftenden Bodenzinse, nicht aber auf Reichnisse, welche ausschließlich auf Forstrechten ruhen und als Gegenreichnisse der letzteren erscheinen. Aeußerlich kennzeichnet sich der Unterschied schon dadurch, daß erstere in den Gefällskatastern (Grundbüchern) vorgetragen und in der Staatsfonds-Rechnung auf den Etat der Grundgefälle verrechnet werden, während die Forstrechtsgegenreichnisse in den Forstrechtskatastern vorgemerkt und in der Forstrechnung zu vereinnahmen sind.

II. Die Bodenzinse der Grundrenten-Ablösungskasse.

9. Bei den Bodenzinsen der Grundrenten-Ablösungskasse tritt in zweifacher Beziehung eine Ermäßigung an der seitherigen Jahresleistung ein. Es wird zunächst der den Pflichtigen durch Art. 8 des Gesetzes vom 28. April 1872 auferlegte Zuschlag eines Achtels vom Jahre 1898 an von der Staatskasse zur Zahlung übernommen, sohin den Pflichtigen erlassen (Art. 15 Abs. 1) und

außerdem wird der verbleibende ursprüngliche Bodenzins um ein weiteres Achtel ermäßigt (Art. 15 Abs. 2). Die Ablösungskassepflichtigen haben demnach, statt wie seither neun Achtel, fernerhin, und zwar erstmals am Verfalltermin des Jahres 1898, nur noch sieben Achtel des ursprünglichen Bodenzinses zu entrichten. Bezüglich des Zeitpunktes, von welchem an die Ermäßigung tatsächlich eintritt, wird auf die Bemerkungen unter Ziff. 1 oben hingewiesen.

Der von der Staatskasse zur Zahlung übernommene Zuschlag eines Achtels wird alljährlich in einer Summe an die Grundrenten-Ablösungskasse abgeführt; die Kgl. Rentämter haben sich daher hiemit nicht zu befassen.

10. Infolge der Ermäßigung der Bodenzinse einerseits und der Verlängerung der Tilgungsperiode anderseits erscheint die zur Berechnung der Restergänzungen nach Art. 15 und 16 des Grundentlastungsgesetzes vom 28. April 1872 für den Zeitraum vom 16. November 1897 bis 15. November 1902 mit Entschließung vom 29. September v. Js. (FMBl. S. 276) bekannt gegebene Reduktionstabelle nicht mehr anwendbar. Indem diese Entschließung nebst Tabelle außer Wirksamkeit gesetzt wird, wird die als Beilage I beigefügte*) Reduktionstabelle zum Gebrauche bestimmt. Bei deren Anwendung sind die vorgedruckten Gebrauchs-Anleitungen genau zu beachten.

Die Kgl. Regierungsfinanzkammern diesseits des Rheins haben die alsbaldige Veröffentlichung der neuen Tabelle durch die Kreisamtsblätter zu veranlassen.

11. Auch bei den Bodenzinsen der Ablösungskasse beabsichtigt das Gesetz durch Gewährung eines Nachlasses (Art. 16) die freiwilligen Ablösungen zu fördern. Dieser Nachlaß besteht in dem kapitalisierten Werte des nach Art. 15 Abs. 1 zu leistenden Staatszuschusses. Die in Ziff. 10 erwähnte, als Beilage I anliegende Reduktionstabelle enthält in einer besonderen Rubrik die Höhe des für freiwillige Ablösungen zugestandenen Nachlasses. Die der Tabelle beigefügte Gebrauchs-Anleitung gibt über deren Anwendung näheren Aufschluß.

Das Verfahren in Bezug auf die rechnerische Behandlung des Nachlasses hat sich in ähnlicher Weise zu gestalten, wie es in Ziff. 6 oben bezüglich des Nachlasses bei der freiwilligen Ablösung von Staatskasse-Bodenzinsen bestimmt wurde, nur mit dem Unterschiede, daß der Nachlaß zunächst in der Generalrechnung der Kgl. Staatsschuldentilgungs-Kommission über die Grundrenten-Ablösungsschuld zu behandeln ist und daß daher die vierteljährlichen Zusammenstellungen der Kgl. Regierungsfinanzkammern von den

*) Hier nicht mit abgedruckt!

letzteren an die Kgl. Staatsschuldentilgungs-Kommission zu übersenden sind.

Im Hinblicke auf Art. 26 des Gesetzes sind die seit dem 1. Januar l. Js. erfolgten freiwilligen Ablösungen sowohl durch die Anrechnung der in der neuen Reduktionstabelle ausgewiesenen Restergänzung, als durch den Abzug des in Art. 16 gewährten Nachlasses geeignet zu berichtigen.

12. Die auf Art. 19 und 44 des Gesetzes vom 28. Mai 1852 über die Ausübung und Ablösung des Weiderechtes auf fremdem Grund und Boden sich gründende, in dem Grundentlastungsgesetze vom 28. April 1872 unberührt gebliebene Befugnis zur Ueberweisung von Weiderechtsabgaben und Weiderrechtsbodenzinsen auf die Grundrenten-Ablösungskasse ist durch Art. 17 des Gesetzes vom 2. ds. Mts. aufgehoben. Bezüglich der Ueberweisung solcher Gefälle auf die Staatskasse wird auf Ziff. 9 der Bekanntmachung vom 4. ds. Mts. (FMBl. S. 14) hingewiesen.

III. Gemeinsame Bestimmungen.

13. Nachdem die Ermäßigung der Bodenzinse der Staatskasse sowohl, als der Ablösungskasse schon vom laufenden Jahre an in Wirksamkeit tritt, hat die Aufstellung des neuen Verrechnungssolls eine der wichtigsten und vordringlichsten Aufgaben der Rentämter zu bilden. Mit Rücksicht auf die in den Regierungsbezirken bestehende Verschiedenartigkeit in der Anlage der Gefällskataster und Grundbücher, sowie in den Belastungsverhältnissen selbst muß davon abgesehen werden, allgemeine Anordnungen darüber zu erlassen, in welcher Weise das neue Soll zu berechnen ist. Das nächstliegende wäre selbstredend, die Bodenzinse Posten für Posten entsprechend zu mindern, hienach die neue Schuldigkeit für jedes Partialheft oder Folium des Gefällskatasters (Grundbuches) festzusetzen und durch die Summierung der Ergebnisse sämtlicher Partialhefte das neue Soll für die Steuergemeinde zu gewinnen. Allein dies allgemein anzuordnen, wird bei der in manchen Teilen des Königreiches bestehenden großen Parzellierung des Grundbesitzes mit Einzelbelastung jeder Plannummer — gegenüber der anderwärts vorkommenden Komplexualbelastung geschlossener Güter — nicht durchführbar erscheinen. Es müssen daher die weiteren Anordnungen über die Sollaufstellung und über die Umrechnung der Gefällskataster den einzelnen Regierungsfinanzkammern überlassen werden. Auch in den ersteren Bezirken wird indessen wenigstens auf die Umrechnung der Abschlüsse der einzelnen Partialhefte zu bestehen sein, wogegen die Umrechnung der Einzelbeträge innerhalb der neuen Abschlußziffer des Partialheftes für spätere Zeit, jedenfalls aber für den Zeitpunkt, in

welchem sich eine Aenderung in dem belasteten Besitzstande durch Verkäufe rc. ergibt, vorbehalten werden könnte.

Zur Erleichterung für die Umrechnung der 4%igen Bodenzinse infolge deren Ermäßigung um den achten Teil, oder mit anderen Worten infolge der Herabsetzung des Zinsfußes von 4 auf 3½% wird anbei eine Tabelle*) mitgeteilt; dieselbe kann auch für die Bodenzinse der Ablösungskasse benützt werden, da in den Gefällskatastern oder Grundbüchern nicht bloß die nach Art. 8 des Grundentlastungsgesetzes vom 28. April 1872 erhöhte Leistung von 9/8, sondern auch der ursprüngliche Bodenzins eingetragen ist, so daß es nicht der Umrechnung der ersteren Ziffern von 9/8 auf 7/8 bedarf, sondern die Ermäßigung des einfachen Bodenzinses, wie bei den 4%igen Staatskassebodenzinsen, auf 7/8 genügt.

Für die Umrechnung der 5%igen Bodenzinse, zu welchen die Meierschaftsfristen und die meisten in Geld fixierten Kornbodenzinse von veräußerten Staatsrealitäten gehören, folgt anbei eine weitere Tabelle*), welche auch das Kapital enthält.

Was die Umrechnung der wenigen noch verbleibenden Staatskassebodenzinse, welche eine höhere als 4%ige Verzinsung des Kapitals bilden, anlangt, so bleibt bei der Geringfügigkeit dieser Gefälle die Anfertigung einer besonderen Umrechnungstabelle den Kgl. Regierungsfinanzkammern oder Rentämtern selbst anheimgegeben.

Sinken Bodenzinse infolge der Ermäßigung auf einen Betrag von 6 Kreuzer (17 Pfennige) und darunter, so unterliegen dieselben selbstverständlich nicht der in Art. 14 des Gesetzes vom 28. April 1872 statuierten Ablösungspflicht.

14. Nach Art. 18 haben die Rentämter jedem Grundbesitzer auf Verlangen ein Zeugnis über die Belastungsverhältnisse auszustellen, aus welchem, soferne der Besitz mit Bodenzinsen belastet ist, die Jahresschuldigkeit zur Staatskasse und zur Ablösungskasse, das ursprüngliche Bodenzinskapital und das zur Zeit der Ausstellung des Zeugnisses bestehende Restkapital zu ersehen sind. Für dieses Zeugnis kann das als Beilage IV*) anliegende Formular benützt werden.

Das Zeugnis hat in der Hauptsache einen Auszug aus dem Gefällskataster oder Grundbuch zu bilden. Die Ausstellung desselben kann sowohl für den gesamten Besitzstand des Grundbesitzers, als für einzelne Grundstücke verlangt werden. Im ersteren Falle und ebenso im letzteren, wenn die Grundstücke mit einer besonderen, im Gefällskataster ausgeschiedenen Belastung belegt sind, unterliegt die Ausstellung des Zeugnisses keiner Weiterung. Besteht dagegen eine Komplexualbelastung des gesamten Besitzes

*) Hier nicht mit abgedruckt.

oder einzelner Besitzlitern, und ist daher das Grundstück, für welches das Zeugnis verlangt wird, gemeinsam mit anderen Grundstücken mit Grundgefällen belastet, so hat vor der Ausstellung des Zeugnisses eine vom Grundbesitzer anzuerkennende Repartition der Grundbelastung auf das bezügliche Grundstück stattzufinden. Das Zeugnis hat die sämtlichen Grundgefälle, sohin einschließlich der älteren Bodenzinse, der in Geldbodenzins umgewandelten Naturalabgaben und der neu übernommenen Bodenzinse der Privaten rc. zu verzeichnen. Insoweit auf dem Grundbesitze ein Handlohnsäquivalent lastet, ist hievon in der Bemerkungsrubrik Erwähnung zu machen; desgleichen sind hier die Naturalabgaben vorzutragen, insolange deren Umwandlung in Geldbodenzins noch nicht vollzogen ist.

Bezüglich des Eintrages in den Rubriken „Ursprüngliches Kapital" wird noch besonders darauf aufmerksam gemacht, daß durch das Gesetz an dem Nominalbetrage der Bodenzinskapitalien keine Aenderung gegen seither eingetreten ist. Bei der Berechnung dieses Kapitales aus der (ermäßigten) Jahresschuldigkeit kann sowohl bezüglich der Bodenzinse zur Ablösungskasse, als bezüglich der 4%igen Bodenzinse zur Staatskasse die Reduktionstabelle (Beilage I) benützt werden, welche außer dem ermäßigten Bodenzinsbetrage auch das ursprüngliche Kapital enthält. Für die 5%igen Staatskassebodenzinse ist die Beilage III verwendbar; es kann jedoch bei diesem sowohl, als bei den übrigen älteren Bodenzinsen der Staatskasse das Kapital auch den Gefällskatastern und Grundbüchern, in welchen diese Kapitalien gemäß Ziff. 2 und 4 der Entschließung vom 19. Juli 1877 Nr. 9422, die Nebenrechnung Ziff. XV zur Staatsfondsrechnung, hier die Umrechnung der Bodenzinskapitalien der Staatskasse betreffend, fortzuführen sind, entnommen werden.

Bei den Bodenzinsen zur Staatskasse ist mit Rücksicht darauf, daß bis 1. Januar 1902 nur bei freiwilliger Ablösung ein Abzug stattfindet, bis zu diesem Zeitpunkte als Restkapital in der bezüglichen Rubrik des Zeugnisses jener Betrag einzustellen, welcher bei freiwilliger Ablösung zu erlegen wäre, sohin im Hinblicke auf Ziff. 6 oben vorerst das ursprüngliche Kapital nach Abzug von 10 %. Als Restkapital bei den Ablösungskassebodenzinsen dagegen ist jene Summe im Zeugnisse vorzutragen, welche sich nach der Reduktionstabelle (Beilage I) als „Restergänzung" berechnet, sohin ohne Rücksicht auf den weiteren Abzug im Falle freiwilliger Ablösung.

Ist der Besitz mit Bodenzinsen nicht belastet, so genügt ein einfaches rentamtliches Zeugnis über die Lastenfreiheit.

Für die Ausstellung des Zeugnisses ist gemäß Art. 18 eine Staatsgebühr nicht in Ansatz zu bringen; dagegen wird den Rentämtern gestattet, als Vergütung für ihren bezüglichen Dienstaufwand die einfache Schreibgebühr von 10 Pfennig für jede angefangene Seite zu erheben.

Die Kgl. Rentamtmänner werden in ihrem eigenen Interesse angewiesen, zur Vermeidung von Haftungen der Ausstellung der Zeugnisse in bezug auf deren Vollständigkeit und Richtigkeit besondere Aufmerksamkeit zuzuwenden.

15. In den Art. 19 und 21 führt das Gesetz nach zwei Richtungen eine Zwangsverbindlichkeit zur Ablösung der Bodenzinse ein. Nach der ersteren Bestimmung haben gewerbsmäßige Güterhändler, bevor sie die Zertrümmerung eines landwirtschaftlichen Gutskomplexes durchführen, sohin bevor die Verträge mit den einzelnen Käufern notariell verlautbart werden, Anzeige an das einschlägige Rentamt zu erstatten, welches sodann die Ablösungsschuldigkeit zu berechnen und einzuheben hat. Unterläßt der Güterhändler diese Anzeige, so unterliegt er der in Art. 19 Abs. 2 angedrohten Strafe. Werden die Gutszertrümmerungsanträge notariell verlautbart, ohne daß vorher die Ablösung der Bodenzinse durch den Güterhändler stattgefunden hat, so bleiben — unbeschadet der Verpflichtung des letzteren zur Bezahlung des Ablösungskapitales — die Grundstücke vorerst mit den hierauf treffenden Bodenzinsen belastet und die jeweiligen Besitzer für die Fortentrichtung der jährlichen Bodenzinse haftbar. Wer sohin von einem gewerbsmäßigen Güterhändler ein Grundstück kauft, hat das größte Interesse sich zu vergewissern, ob die Ablösung der Bodenzinse vorschriftsmäßig stattgefunden hat. Hiezu bietet das Gesetz in Art 18 Abs. 2 die entsprechende Handhabe; denn hienach haben die Notare den Inhalt des von ihnen dem Verkäufer abzufordernden rentamtlichen Zeugnisses über die Belastungsverhältnisse der Urkunde beizuheften oder dessen Inhalt in den Urkunden zu vermerken. Unterlassen es die Käufer darauf zu bestehen, daß ein Zeugnis über die Lastenfreiheit vor der notariellen Verlautbarung beigebracht werde, so haben sie es sich selbst zuzuschreiben, wenn sie, insolange bis die Ablösungsschuldigkeit von dem Güterhändler beigetrieben ist, für die Entrichtung der Bodenzinse haftbar bleiben.

Bestreitet derjenige, von welchem das Rentamt die Bodenzinsablösung auf Grund des Art. 19 fordert, seine Eigenschaft als eines gewerbsmäßigen Güterhändlers oder das Vorliegen der Zertrümmerung eines landwirtschaftlichen Gutskomplexes, so ist die Entscheidung auf dem in Art. 19 Abs. 1 bezeichneten Instanzenzuge herbeizuführen. Die Erlassung besonderer Bestimmungen über das Verfahren bleibt dem Kgl. Staatsministerium des Innern vorbehalten.

Macht das Rentamt die Wahrnehmung, daß ein gewerbsmäßiger Güterhändler die vorgeschriebene Anzeige unterlassen hat, so hat dasselbe mit der Strafeinschreitung vorzugehen. Die Vorschriften über die Zuständigkeit und das Verfahren bei einer strafbaren Zuwiderhandlung nach Art. 19 Abs. 2 sind im Art. 20 enthalten. Hienach hat zunächst das Verfahren im Verwaltungswege einzutreten, bezüglich dessen auf Abs 2 dieses Artikels hingewiesen wird. Im übrigen haben die Bestimmungen in §§ 8 mit 16 der Bekanntmachung vom 30. September 1881, die Vorschriften über die Behandlung der Straffälle bei Zuwiderhandlungen gegen die Steuergesetze betreffend (FMBl. S. 355 ff.) sinngemäße Anwendung zu finden. An Stelle der Vorschrift in § 13 Abs. 2 dieser Bekanntmachung wird jedoch angeordnet, daß die beigetriebenen oder eingezahlten Beträge zunächst auf die verwirkte Strafe und sodann auf die Kosten des Verfahrens zu verrechnen sind.

Darüber, welche Personen als gewerbsmäßige Güterhändler zu erachten seien, werden die Rentämter im allgemeinen umsoweniger in Zweifel sein, als die gewerbsmäßigen Güterhandelsgeschäfte der Gewerbsteuerpflicht unterliegen. Das unterfertigte Kgl. Staatsministerium behält sich übrigens vor, mit dem Kgl. Staatsministerium des Innern ins Benehmen zu treten, damit die Rentämter seitens der Distriktsverwaltungsbehörden Mitteilung über die den letzteren auf Grund der Bestimmung in Ziff. 6 der Bekanntmachung vom 1. Januar 1894 (GVBl. S. 12) zukommenden Anzeigen erhalten.

Erläuternd wird bemerkt, daß die Ablösungspflicht nicht bloß dann eintritt, wenn der Güterhändler Eigentümer des zu zertrümmernden landwirtschaftlichen Gutskomplexes ist, sondern auch dann, wenn er in Vollmacht des Besitzers handelt, und daß die Ablösungsverpflichtung nur den g e w e r b s m ä ß i g e n Güterhändler trifft. Wird das Geschäft von Personen besorgt, welche den Handel mit ländlichen Grundstücken nicht als Gewerbe betreiben, so tritt für diese die Ablösungspflicht nicht ein. Dies gilt insbesondere auch von Darlehenskassen oder Raiffeisenvereinen, wenn sie für ein Mitglied oder Nichtmitglied, in der eigenen oder einer Nachbargemeinde die Zertrümmerung eines Anwesens im Interesse des Besitzers desselben übernehmen.

16. Die Ablösungspflicht nach Art. 21 soll auf Verlangen des Rentamts bei Grundstücken eintreten, welche dauernd dem landwirtschaftlichen Betriebe entzogen werden. Hierunter fallen vorzugsweise Bauten, sei es für Wohnzwecke, sei es für Fabriken oder sonstige gewerbliche Anlagen; in ersterer Beziehung kommen die Erweiterung der Städte, Villenbauten auf dem Lande oder

Adaptierung von landwirtschaftlichen Wohngebäuden zu Wohnungszwecken für Städter in Betracht. Auch bei dem Baue von Eisenbahnen, der Herstellung von dem Sporte dienenden Anlagen rc. kann die Ablösungspflicht nach Art. 21 in Frage kommen. Dagegen kann die Ablösung der Bodenzinse nicht wegen der Erbauung von Gebäulichkeiten verlangt werden, welche für den landwirtschaftlichen Betrieb eines Anwesens notwendig oder nützlich sind, z. B. von Scheunen, Stallungen rc.; sie kann ferner nicht deswegen verlangt werden, weil ein Grundstück durch Naturereignisse seine Leistungsfähigkeit verloren hat.

Das Gesetz schreibt die Ablösung nicht unbedingt vor, sondern macht dieselbe von dem Verlangen des Rentamts abhängig, da in einzelnen Fällen das Bestehen auf der Ablösung eine Härte in sich schließen könnte (cf. StenBer. d. KABhdl. Nr. 350 Bd. 10 S. 201). Die Rentämter haben in den Fällen, in welchen sie es für gerechtfertigt erachten, auf dem Verlangen der Ablösung nicht zu bestehen, vorerst Anfragebericht an die Kgl. Regierungsfinanzkammer zu erstatten. Die äußere Veranlassung zur Erwägung der Inanspruchnahme der Ablösungspflicht werden die Rentämter in den gemeindlichen Neubauten-Anzeigen oder in sonstigen amtlichen Wahrnehmungen finden.

Wird von dem Pflichtigen bestritten, daß das Grundstück dauernd dem landwirtschaftlichen Betriebe entzogen sei, so hat derselbe die Entscheidung auf dem in Art. 21 Abs. 1 angeführten Instanzenzuge herbeizuführen. Die Erlassung besonderer Bestimmungen über das Verfahren bleibt dem Kgl. Staatsministerium des Innern vorbehalten.

17. Bei den sämtlichen Zwangsablösungen, einschließlich jener, welche auf Art. 15 Abs. 1 des Gesetzes vom 28. April 1872 sich gründen, ist, insoweit es sich um die Bodenzinse zur Staatskasse handelt, bis zum 1. Januar 1902 das volle ursprüngliche Kapital zu entrichten; erst von diesem Zeitpunkte an ist den Pflichtigen der gleiche Betrag, wie bei freiwilligen Ablösungen, für Rechnung des Amortisationsfonds zugute zu rechnen (cf. Art. 21 Abs. 2 des Gesetzes und Ziff. 6 oben). Bei den Bodenzinsen zur Ablösungskasse ist dagegen stets die Restergänzung, wie sie sich nach der amtlichen Reduktionstabelle berechnet, — selbstredend ohne den für freiwillige Ablösungen nach Art. 16 zugestandenen Abzug — zu erheben.

18. Die Bestimmung in Art. 15 Abs. 1 des Gesetzes vom 28. April 1872 ist durch das Gesetz vom 2. ds. Mts. unberührt geblieben; es ist daher auch für die Ablösungspflicht die Größe des seitherigen Bodenzinses, nicht der infolge des neuen Gesetzes zu entrichtende ermäßigte Betrag maßgebend.

19. Zum Vollzuge des Art. 25, welcher erst für die Bodenzinszahlung des Jahres 1898 praktische Bedeutung gewinnt, werden besondere Bestimmungen folgen.

20. Nach Art. 26 treten die Bestimmungen in Art. 19—21 im Gegensatze zu dem übrigen Inhalte des Gesetzes erst mit dem Tage der Veröffentlichung des letzteren in Kraft. Es kann daher die in den Artikeln 19 und 21 begründete Ablösungspflicht nicht wegen Vorgängen, welche in einem früheren Zeitpunkte stattfanden, in Anspruch genommen werden; insbesondere kann die Bodenzins-Ablösung nicht für Gutszertrümmerungen, welche vor dem bezeichneten Tage notariell verlautbart wurden, oder bezüglich der Grundstücke, welche bei dem Erscheinen des Gesetzes dem landwirtschaftlichen Betriebe schon entzogen waren, verlangt werden. —

Ueber den Vollzug der Aufträge unter Ziff. 2, 4, 7 und 13 ist bis 1. Oktober l. Js. summarische Anzeige zu erstatten.

Anlage Nr. 2

Bekanntmachung des Kgl. Staatsministeriums der Justiz vom 23. Februar 1898,

den Vollzug des Gesetzes vom 2. Februar 1898, die Fortsetzung der Grundentlastung betr.

(FMBl. 1898 S. 187.)

In den Anlagen I bis III*) werden das Gesetz vom 2. Februar 1898, die Fortsetzung der Grundentlastung betreffend (GVBl. Nr. 5 S. 19), und diejenigen Bestimmungen der beiden Bekanntmachungen des Kgl. Staatsministeriums der Finanzen vom 4. und 5. Februar 1898, den Vollzug des Gesetzes über die Fortsetzung der Grundentlastung betreffend (FMBl. Nr. 2 S. 9, Nr. 3 S. 31) abgedruckt, welche für die Gerichte, die Staatsanwälte und die Notare von Bedeutung sind.

Von den Vorschriften des Gesetzes (Anlage I) kommen für die Organe der Rechtspflege namentlich die Artikel 6, 18 bis 20, 22 bis 24, 26 in Betracht.

Hiezu wird folgendes bemerkt:

1. Nach Artikel 6 stehen Grundgefälle, welche die Staatskasse auf Grund der Art. 1 bis 5 von Privaten, Stiftungen oder Gemeinden übernimmt, in allen rechtlichen Beziehungen den seitherigen Bodenzinsen der Staatskasse gleich. Für die neu erworbenen Bodenzinse gelten daher namentlich die Bestimmungen im Art. 1 Nr. 1 und im Art. 2 Satz 2 des Gesetzes vom 29. Mai 1886, die Abänderung einiger Bestimmungen des HypG. betreffend (KRRVhdl. 1898. Prot.-Bd. VI S. 431; KAVhdl. 1898. StenBer. Bd. X S. 706, 707).

---

*) Anlage I abgedr. oben S 1 ff., Anlage II nicht mitabgedruckt, Anlage III siehe oben S. 33 ff.!

Die neu erworbenen Grundgefälle bedürfen hienach zur Erhaltung ihres Vorrechtes vor den Hypotheken nicht der Eintragung in das Hypothekenbuch; die Unterlassung oder Verspätung des Eintragungsantrags durch den bisherigen Berechtigten ist dem Vorrechte der Staatskasse unschädlich.

2. Den Notaren, deren Pflicht es nach Art. 45 des Notariatsgesetzes ist, dahin zu wirken, daß der Inhalt der von ihnen errichteten Urkunden der Absicht der Parteien entspricht, obliegt es schon nach dem bisherigen Rechte, die Verkäufer über die Belastung des Grundstücks mit Bodenzinsen zu fragen und die Parteien über den Inhalt der maßgebenden gesetzlichen Vorschriften — insbesondere über die Haftung des Käufers dem Staate gegenüber, ferner darüber, daß der Verkäufer dem Käufer gegenüber zur Angabe der Bodenzinse verpflichtet ist, und darüber, daß die von den Parteien über die Bodenzinse getroffenen Vereinbarungen dem Staate gegenüber unverbindlich sind (Art. 24 Abs. 2 des Gesetzes vom 2. Februar 1898, Art. 17 Abs. 3 des Gesetzes vom 28. April 1872) — zu belehren und in den Urkunden das nötige hierüber zu bemerken (vgl. auch den § 4 der Bekanntmachung vom 15. Juni 1862, den Vollzug des Art. 150 des Notariatsgesetzes in bezug auf das Umschreibwesen betreffend, Reg.-Bl. S. 1445).

Nach Art. 18 Abs. 1 des Gesetzes vom 2. Februar 1898 sind nunmehr die Rentämter verpflichtet, jedem Grundbesitzer auf Verlangen gebührenfrei ein Zeugnis über die Belastungsverhältnisse auszustellen, aus welchem, sofern das Grundstück mit Bodenzinsen zur Staatskasse oder zur Ablösungskasse belastet ist, die Jahresschuldigkeit, das ursprüngliche Bodenzinskapital und das zur Zeit der Ausstellung des Zeugnisses bestehende Restkapital zu ersehen sind. Nach Abs. 2 haben die Notare die Verkäufer von Grundstücken zur Vorlage dieses Zeugnisses aufzufordern und es der Urkunde beizuheften oder dessen Inhalt in der Urkunde zu vermerken. Verkäufer im Sinne des Art. 18 Abs. 2 ist übrigens nicht bloß, wer ein Grundstück durch Kauf veräußert, sondern der Veräußerer überhaupt, also namentlich auch, wer durch Tausch oder Schenkung veräußert (vgl. KAVhdl. 1897. StenBer. Bd. X S. 199, 200; Bericht des Ref. d. K. d. RR. an den vereinigten II. und III. Ausschuß S. 34; Protokoll dieses Ausschusses vom 8. Januar 1898 S. 18; KRRVhdl. 1897/98. Prot.-Bd. VI S. 437). Bestehen die Parteien wegen der Dringlicheit der Sache auf der Beurkundung des Vertrags ohne Vorlage des Zeugnisses über die Belastungsverhältnisse, so hat der Notar dieses in der Urkunde ausdrücklich zu bemerken.

Die Staatsanwälte werden angewiesen, die Beobachtung dieser Bestimmungen durch die Notare zu überwachen, hierauf bei den Visitationen ihr Augenmerk besonders zu richten und jeden

Verstoß gegen die Bestimmungen dem Landgerichte mit dem Antrag auf Disziplinareinschreitung anzuzeigen. Auch die Gerichte sind verpflichtet, die von ihnen wahrgenommenen Fälle der Nichtbeachtung jener Bestimmungen dem Staatsanwalte mitzuteilen.

3. In den Fällen des Art. 19 des Gesetzes ist es die Pflicht der Notare, auf die Beobachtung der dortigen Bestimmungen hinzuwirken und die Beteiligten über sie entsprechend zu belehren. In dieser Beziehung bieten die Erläuterungen in der Nummer 15 der Bekanntmachung des Kgl. Staatsministeriums der Finanzen vom 5. Februar 1898 (Anlage III) den Notaren die nötigen Anhaltspunkte.

4. Bei einer strafbaren Unterlassung der im Art. 19 Abs. 2 des Gesetzes vorgeschriebenen Anzeige hat zunächst das Verfahren im Verwaltungswege nach Maßgabe des Artikels 20 Abs. 2 des Gesetzes und der Bestimmungen in den §§ 8 bis 16 der Bekanntmachung des Kgl. Staatsministeriums der Finanzen vom 30. September 1881 (FMBl. S. 417) einzutreten (vgl. Nr. 15 Abs. 3 der Bekanntmachung des Kgl. Staatsministeriums der Finanzen vom 5. Februar 1898, Anlage III).

5. Der Art. 22 gibt dem Pflichtigen, der seine Schuldigkeit, sei es gezwungen, sei es freiwillig, ablöst, die Befugnis, auf dem bodenzinspflichtigen Grundstück im Range vor den zur Zeit der Ablösung eingetragenen Hypotheken für ein verzinsliches Kapital bis zu dem Betrage der Ablösungssumme eine Hypothek zu bestellen. Die jährliche Zinsleistung darf aber den Betrag der seitherigen Jahresschuldigkeit nicht übersteigen. Hiebei kommen indessen die etwa übernommenen Tilgungsbeträge (Zinsbeischläge, Annuitätenbeträge) nicht in Betracht (Begründung zu Art. 20 des Gesetzentwurfs, KABhdl. 1897. Beil. Bd. XIV S. 485).

Der Ablösende kann von dem im Art. 22 ihm gewährten Recht erst nach der Zahlung der Ablösungssumme Gebrauch machen. Den Nachweis der Zahlung muß der Notar bei der Beurkundung einer auf den Art. 22 gestützten Hypothekbestellung sich vorlegen lassen; er muß ihn der Urkunde beiheften oder seinen Inhalt in der Urkunde vermerken.

Die Landgerichtspräsidenten werden bei der Visitation der Amtsgerichte die Anwendung des Art. 22 des Gesetzes in das Auge fassen und ihre Wahrnehmungen hierüber in den Vormerkungen niederlegen.

Anlage Nr 3.

Bekanntmachung des Kgl. Staatsministeriums des Innern vom 19. Februar 1898

den Vollzug des Gesetzes über die Fortsetzung der Grundentlastung betr.
(MABl. 1898 S. 66.)

Nachstehend*) folgt Abdruck der Ziff. 15, 16 und 20 der Bekanntmachung des Kgl. Staatsministeriums der Finanzen vom 5. l. Mts. Nr. 2701, den Vollzug des Gesetzes über die Fortsetzung der Grundentlastung betreffend (FMBl. S. 31 ff.), zur Kenntnisnahme und geeigneten Beachtung bei dem Vollzuge der Art. 19 und 21 des bezeichneten Gesetzes vom 2. l. Mts. (GVBl. S. 19).

Hiezu wird Nachstehendes verfügt:

1. Im Hinblicke auf Ziff. 15 Abs. IV der zit. Ministerialbekanntmachung haben die Distriktsverwaltungsbehörden den Kgl. Rentämtern jeweils Mitteilung über die jenen auf Grund der Bestimmung in Ziff. 6 der Bekanntmachung vom 1. Januar 1894 (GVBl. S. 12) zukommenden Anzeigen zu erstatten und auf Ansuchen auch Einsicht in das Verzeichnis der gewerbsmäßigen Güterhändler zu gewähren.

2. Auf das Verfahren für die Entscheidung der Streitigkeiten nach Art. 19 Abs. I des Gesetzes vom 2. l. Mts. finden zufolge der dort festgesetzten Zuständigkeit die Bestimmungen über das Verfahren in Verwaltungsrechtssachen entsprechende Anwendung. Der ergehende Bescheid ist außer dem Güterhändler und event. seinem Vollmachtgeber auch dem betreffenden Regierungsfiskalate zuzustellen.

3. Die Entscheidung der Frage, ob ein Grundstück dauernd dem landwirtschaftlichen Betriebe entzogen wird, nach Art. 21 Abs. I des Gesetzes vom 2. l. Mts., erfolgt nach den für das Verfahren in Verwaltungssachen im allgemeinen maßgebenden Bestimmungen und Grundsätzen. Die zu erlassende Entscheidung ist außer dem Ablösungspflichtigen dem betreffenden Regierungsfiskalate gegen Nachweis zu eröffnen.

4. Sobald der Entscheid in den bei Ziff. 2 und 3 erwähnten Fällen rechtskräftig geworden ist, hat die Distriktsverwaltungsbehörde das beteiligte Kgl. Rentamt geeignet in Kenntnis zu setzen.

---

*) Abgedruckt oben S. 41—44.

Anlage Nr. 4
Bekanntmachung des Kgl. Staatsministeriums der Finanzen vom 25. März 1898

den Vollzug des Art. 25 des Gesetzes über die Fortsetzung der Grundentlastung betr.

(FMBl. 1898 S. 167.)

Durch Art. 25 des Gesetzes vom 2. Februar l. Js., die Fortsetzung der Grundentlastung betr., wurde das Kgl. Staatsministerium der Finanzen ermächtigt, unter gewissen Voraussetzungen an den jährlichen Bodenzinsleistungen zur Staats- und zur Ablösungskasse den Pflichtigen auf Ansuchung einen angemessenen Nachlaß zu gewähren oder, soweit die Gesuche auf die Bestimmung in Art. 25 Abs. 2 sich stützen, mit den Pflichtigen eine Ablösung auf einen geringeren Kapitalsbetrag zu vereinbaren. Hiezu wird Nachstehendes bemerkt:

I.

Die Voraussetzungen, unter welchen Bodenzins-Nachlässe den Pflichtigen bewilligt werden können, sind entweder

1. unverschuldete Unglücksfälle bei gleichzeitiger Bedürftigkeit des Pflichtigen oder
2. unverhältnismäßig hohe, nicht durch eigenes Verschulden herbeigeführte Belastung des Grundbesitzes mit Bodenzinsen, bei gleichfalls gegebener Bedürftigkeit oder
3. das Bestehen begründeter Vermutung, daß die Höhe der Grundgefälle mit Rücksicht auf besonders verliehene, nunmehr weggefallene oder wesentlich entwertete Rechte bemessen war.

ad 1. Unter Unglücksfällen sind solche im gewöhnlichen Sinne des Wortes zu verstehen, z. B. Verlust der Ernte durch Hagelschlag, Feuersbrunst, Ueberschwemmung, Verlust von Vieh durch Seuchen, Unglücksfälle in der Familie, insoferne sie für den Pflichtigen außergewöhnliche Auslagen mit sich bringen ꝛc. Da in solchen Fällen nur bedürftigen Pflichtigen Nachlaß in Aussicht gestellt ist, so wird vorausgesetzt, daß der Pflichtige infolge des Unglücksfalles nicht oder nur sehr schwer in der Lage wäre, den geschuldeten Bodenzins aufzubringen. Diese Voraussetzung könnte nicht als gegeben erachtet werden, insoweit der Verlust der Ernte oder des Viehes durch Versicherung gedeckt ist.

ad 2. Eine unverhältnismäßig hohe Belastung des Grundbesitzes ist in der Regel anzunehmen, wenn die Höhe des Bodenzinses in einem offensichtlichen und erheblichen Mißverhältnisse zum Werte oder regelmäßigen Ertrage des belasteteten Grundbesitzes steht. Diese unverhältnismäßig hohe Belastung darf aber nicht durch eigenes Verschulden des Pflichtigen herbeigeführt sein.

Ein solches Verschulden würde z. B. zu erblicken sein, wenn etwa in früheren Jahren von einem gemeinsam belasteten Anwesen einzelne Teile lastenfrei wegveräußert worden und infolgedessen schließlich die ganze Belastung auf dem Restbesitze verblieben wäre oder wenn der zu einer Mühle gehörige Mühlgraben veräußert und eingefüllt oder die Wasserkraft einer Mühle verkauft worden wäre und dadurch der fernere Betrieb der letzteren unmöglich gemacht wurde, ohne daß der Kaufpreis zu einer entsprechenden Minderung der Bodenzinslast Verwendung fand. Ein solches Verschulden würde ferner vorliegen bei ausgebeuteten Kies-, Lehm-, Sandgruben, Torfstechereien, Steinbrüchen ꝛc.

Eine unverhältnismäßig hohe Belastung ist ferner gegeben — und hier kann selbstredend von einem Verschulden überhaupt nicht die Rede sein —, wenn infolge elementarischer Ereignisse oder Einflüsse Grundstücke nicht mehr anbauwürdig oder erheblich unter die normale Ertragsfähigkeit gesunken sind, weil durch fortwährendes Abschwemmen die Humusdecke der belasteten Grundstücke verschwunden oder so wesentlich vermindert ist, daß sich der Anbau überhaupt nicht mehr lohnt oder die Felder wenigstens die frühere Ertragsfähigkeit nicht mehr besitzen. Hieher gehört jedoch nicht der Fall, wenn ein Grundstück durch Elementarereignisse, z. B. durch Uferabrisse tatsächlich vernichtet wird; hier erlöschen schon nach allgemeinen Rechtsgrundsätzen die Reallasten und es hat daher die vollständige Abschreibung der auf dem untergegangenen Grundstücke lastenden Bodenzinse einzutreten. Ob bei teilweiser Vernichtung eines Grundstückes etwa eine unverhältnismäßig hohe Belastung des Restbesitzes anzunehmen sei, wird von Fall zu Fall zu beurteilen sein.

Auch bei Ziff. 2 ist der Nachlaß von der Bedürftigkeit des Pflichtigen, sohin davon abhängig, daß seine Vermögens- und Einkommensverhältnisse ihm die Entrichtung der vollen Bodenzinsschuldigkeit nur sehr schwer fallen lassen.

ad 3. Die Bestimmung in Art. 25 Abs. 2 des Gesetzes trifft die Fälle, in welchen die Bodenzinse nicht oder nicht ausschließlich auf landwirtschaftlich betriebenem Grundbesitze, sondern ganz oder zum Teile auf realen, radizierten oder sonstigen Rechten ruhen. Hier soll ein angemessener Nachlaß eintreten,

a) wenn solche Rechte, z. B. Zwangs- und Bannrechte, nunmehr weggefallen oder

b) wenn derartige Rechte, z. B. Mühlgerechtigkeiten, Taferngerechtigkeiten, Bader-, Schmiedrechte ꝛc. nunmehr wesentlich entwertet sind.

In beiden Fällen kommt es nicht auf genauen urkundlichen Nachweis, sondern nur auf das Bestehen einer begründeten Vermutung an; auch bedarf es nicht einer besonderen Bedürftigkeit des Gesuchstellers.

ad a) Daß früher in manchen Gegenden mit Mühlen und Wirtschaften Zwangs- und Bannrechte verbunden waren, ist nicht zu bezweifeln, wenn auch die aus Anlaß der Entschließung vom 9. Oktober 1896 Nr. 19160 gepflogenen rentamtlichen und archivalischen Erhebungen nur in wenigen Fällen einen urkundlichen Nachweis für das frühere Bestehen solcher Rechte und noch weniger dafür ergeben haben, daß auf diesen Rechten besondere Grundgefälle ruhten. Für die Gewährung eines Nachlasses genügt jedoch nach Art. 25 Abs. 2 schon die begründete Vermutung, daß die Höhe der Grundgefälle seinerzeit mit Rücksicht auf diese, seit anfangs dieses Jahrhunderts aufgehobenen Rechte bemessen wurde; und für diese Annahme geben die im Vorjahre gepflogenen Erhebungen vielfach die erforderlichen Anhaltspunkte. Weitere Erhebungen von Amts wegen erschienen daher nur in besonderen Fällen angezeigt.

ad b) Allein auch in jenen Fällen, in welchen Zwangs- und Bannrechte mit Mühlen oder Wirtschaften nicht verbunden waren, soll nach dem Gesetze angemessener Nachlaß eintreten, wenn die Mühl- oder Wirtschaftsgerechtigkeiten selbst gegen früher wesentlich entwertet sind. Die Mühlen insbesondere waren früher sehr einträgliche Gewerbe; daß daher Grundherren, welche ihre Mühle nicht selbst betreiben wollten, sondern es vorzogen, sie in der Form einer Grundgerechtigkeit an einen Dritten zu verleihen, höhere Gilten, als für ein landwirtschaftliches Anwesen gleicher Größe von dem Grundholden sich entrichten ließen, kann nicht überraschen. Es erscheint sohin in allen Fällen, in welchen auf Mühlen oder Tafernwirtschaften höhere Bodenzinse ruhen als auf den in der Gemeinde gelegenen landwirtschaftlich betriebenen Anwesen gleicher Größe und Güte die Vermutung begründet, daß die Höhe der Grundgefälle mit Rücksicht auf die verliehene Mühl- oder Taferngerechtigkeit bemessen war. Es bedarf daher auch hierüber keiner besonderen Erhebungen, zumal die Zugehörigkeit des Mühl- oder Tafernrechtes in der Regel schon aus dem Grundsteuerkataster, eventuell aus den Liquidationsprotokollen zu ersehen ist. Dagegen ist die weitere Voraussetzung des Nachlasses, ob die fraglichen Rechte nunmehr wesentlich entwertet sind, in jedem einzelnen Falle zu würdigen. Eine solche Entwertung kann sowohl durch die später aufgetretene Konkurrenz anderer Mühlen rc. als durch den allgemeinen Rückgang der Einträglichkeit des Gewerbes entstanden sein.

In ähnlicher Weise ist die Sache zu beurteilen, wenn reale Gewerbe als solche mit Bodenzinsen belastet oder wenn auf bodenzinspflichtige Anwesen andere Gewerbsrechte radiziert sind und die

Höhe der Bodenzinslast dafür spricht, daß für die Bemessung der Grundgefälle die Verleihung des Gewerbsrechtes bestimmend war. —

In bezug auf die Bodenzinsbelastungen der zweiten und dritten Kategorie (siehe oben) wird noch bemerkt, daß den künftigen Erwerbern derartiger Anwesen und Grundstücke die Gewährung von Nachlässen nicht in Aussicht gestellt werden kann, da nunmehr durch die Bestimmung in Art. 18 des Gesetzes vom 2. vor. Mts. Vorsorge getroffen ist, daß jeder Erwerber von bodenzinspflichtigen Grundstücken noch vor der notariellen Verlautbarung genauen Ausweis über die Bodenzinskapitalien erhält und sohin in der Lage ist, sich entsprechend zu decken.

II.

Nach vorstehenden Erläuterungen werden nun zum Vollzuge des Art. 25, vorläufig für das Jahr 1898, folgende Anordnungen getroffen:

1. Es empfiehlt sich, die geschäftliche Behandlung der Gesuche nach der in Ziff. I gemachten dreifachen Ausscheidung zu trennen und für die Vorlage der Gesuche der zweiten und dritten Kategorie einen früheren Zeitpunkt zu bestimmen, als für die auf Unglücksfälle gegründeten Gesuche. Demgemäß wird bestimmt, daß

a) die wegen unverschuldeter Unglücksfälle (Ziff. I Nr. 1 oben) geltend zu machenden Gesuche bis spätestens 1. Oktober l. Js. und

b) alle übrigen Gesuche (Ziff. I Nr. 2 und 3 oben) bis spätestens 1. August l. Js. bei dem einschlägigen Rentamte einzureichen sind.

Die Gesuche können schriftlich oder mündlich bei dem Rentamte angebracht werden; über die mündlich gestellten Gesuche ist von dem letzteren eine fortlaufende Vormerkung zu führen.

Verspätet eingekommene Gesuche können auf Berücksichtigung nur in besonderen Ausnahmsfällen und nur insoweit rechnen, als durch die rechtzeitig eingelaufenen Gesuche die vorhandenen Mittel nicht erschöpft sind.

2. Das Rentamt hat die einkommenden Gesuche sofort zu würdigen, die veranlaßten Erhebungen, welche sich, soweit geboten, auch auf die Bedürftigkeit des Gesuchstellers zu erstrecken haben, zu pflegen und die sämtlichen Gesuche, ausgeschieden nach den erwähnten drei Kategorien mit je einem Verzeichnisse, welches in einer besonderen Rubrik den gutachtlichen Antrag des Rentamts zu enthalten hat, der Kgl. Regierungsfinanzkammer vorzulegen. Die Vorlage des Verzeichnisses über die Gesuche der Kategorie Ziff. I Nr. 1 oben hat bis spätestens 15. Oktober, die Vorlage der beiden übrigen Verzeichnisse bis spätestens 1. September l. Js. zu erfolgen.

3. Die Kgl. Regierungsfinanzkammern haben die Vorlagen der Kgl. Rentämter alsbald zu prüfen, die etwa notwendigen Ergänzungen zu veranlassen und sodann die Akten mit je einem Hauptverzeichnisse, wozu die beiliegenden Formularien*) zu verwenden sind, an das unterfertigte Kgl. Staatsministerium einzusenden. In den einschlägigen Rubriken der Verzeichnisse haben die Kgl. Regierungsfinanzkammern ihre Anträge niederzulegen. Bei der Ausfüllung der Rubriken „Begründung des Gesuches 2c." und „Würdigung des Gesuches 2c." ist mit möglichster Kürze zu verfahren.

Für die Vorlage an das unterfertigte Kgl. Staatsministerium wird bezüglich des Hauptverzeichnisses Nr. I der 1. November, bezüglich der Haupt-Verzeichnisse Nr. II und III dagegen der 1. Oktober l. Js. als äußerster Termin bezeichnet.

4. Die von den Rentämtern nach Ziff. 2 anzufertigenden Verzeichnisse sind den Formularien für die Hauptverzeichnisse nachzubilden. Die sämtlichen Verzeichnisse sind in den einschlägigen Rubriken vollständig durchzusummieren.

Als Bodenzinsschuldigkeiten sind die nach dem Gesetze vom 2. Februar l. Js. ermäßigten Beträge einzustellen.

5. Nach erfolgtem Einlaufe der sämtlichen Hauptverzeichnisse wird die Bescheidung der Gesuche und die Bekanntgabe der zum Nachlasse genehmigten Beträge erfolgen; zugleich wird die Vergütung der zur Ablösungskasse nachgelassenen Beträge nach Maßgabe von Art. 25 Abs. 3 des Gesetzes vom 2. v. Mts. für Rechnung der Staatskasse eingeleitet.

6. Nach Art. 25 Abs. 2 l. c. ist das Kgl. Staatsministerium der Finanzen ermächtigt, in den dort bezeichneten Fällen (Ziff. I Nr. 3 oben) statt eines Nachlasses an den jährlichen Leistungen die Ablösung auf einen geringeren Kapitalsbetrag zu vereinbaren. Pflichtige, welche hiezu geneigt sind, haben mit dem Nachlaßgesuche ein bezügliches, in Ziffern auszudrückendes Anerbieten zu verbinden. Die Angebote sind in der einschlägigen Rubrik des Hauptverzeichnisses III vorzutragen. Das unterfertigte Kgl. Staatsministerium behält sich die Annahme oder Nichtannahme dieser Angebote, bzw. die Einleitung weiterer Verhandlungen vor.

7. Inwieweit den Gesuchstellern der zweiten und dritten Kategorie die Einreichung besonderer Gesuche in den nächsten Jahren erlassen werden kann, bleibt späterer Würdigung vorbehalten.

8. Vorstehende Bekanntmachung ist in den Kreisamtsblättern zu veröffentlichen.

---

*) Nicht mit abgedruckt.

Anlage Nr. 5

Bekanntmachung des Kgl. Staatsministeriums der Finanzen vom 28. September 1899

die Gesuche um Bodenzinsnachlaß nach Art. 25 des Gesetzes über die Fortsetzung der Grundentlastung betr.

(FMBl. 1899 S. 207.)

An Stelle der Ziff. II der Bekanntmachung vom 25. März v. Js. (FMBl. S. 171) treten nachstehende Bestimmungen:

1. Gesuche um Bodenzinsnachlaß, welche sich auf Art. 25 des Gesetzes vom 2. Februar 1898, die Fortsetzung der Grundentlastung betreffend, gründen, sind alljährlich bis spätestens 1. November bei dem einschlägigen Rentamte einzureichen; für das laufende Jahr wird ausnahmsweise der 15. November als Endtermin bestimmt. Später einlaufende Gesuche finden — abgesehen von außerordentlichen Fällen — keine Berücksichtigung.

Hiebei wird in Erinnerung gebracht, daß nur solche Gesuche Aussicht auf Berücksichtigung haben, bei welchen die im Gesetze bestimmten Voraussetzungen (unverschuldete Unglücksfälle bei gleichzeitiger Bedürftigkeit, unverhältnismäßig hohe Belastung bei gleichfalls gegebener Bedürftigkeit, Wegfall oder wesentliche Entwertung belasteter Rechte) zutreffen (cf. Ziffer I der erwähnten Bekanntmachung vom 25. März v. Js. — FMBl. S. 167). Die Bedürftigkeit für sich allein gilt nach dem Gesetze nicht als Nachlaßgrund.

2. Das Rentamt hat jedes einkommende Gesuch sofort in Instruktion zu nehmen und in den Fällen des Art. 25 Abs. 1 (Gesuche wegen unverschuldeter Unglücksfälle und wegen unverhältnismäßig hoher Belastung) die für die Würdigung der Bedürftigkeitsfrage maßgebenden Verhältnisse (Familienstand, Anwesenswert, Betrag der verzinslichen Hypothek- und Kurrentschulden, Kapitalvermögen, Einkommen aus Gewerbebetrieb oder Lohnarbeit ꝛc.) zu erheben. Ist das Gesuch mit einem Unglücksfalle begründet, so ist darauf zu dringen, daß, wenn dies nicht schon im Gesuche geschehen sein sollte, der Zeitpunkt des Unglücksfalles und der dadurch herbeigeführte Schaden genau angegeben werde; in diesen Fällen haben sich die Erhebungen auch darauf zu erstrecken, ob nicht Ersatz aus einer Versicherung erfolgt ist.

Die Pflichtigen haben auf Verlangen wahrheitsgetreue Aufschlüsse zu geben, widrigenfalls die Gesuche nicht weiter gewürdigt werden.

Ueber Gesuche, welche nicht ohnehin mit einer gutachtlichen Aeußerung der Gemeindeverwaltung versehen sind, ist eine solche herbeizuführen.

3. Nach erfolgter Instruierung hat das Rentamt die Gesuche — ausgeschieden nach den in Ziffer I der Bekanntmachung vom 25. März bezeichneten drei Kategorien — in ein Verzeichnis nach beiliegendem Formulare*) zusammenzufassen und je eine Ausfertigung der Kgl. Regierungsfinanzkammer bis 15. Dezember in Vorlage zu bringen.

4. Die Kgl. Regierungsfinanzkammer hat die Vorlagen der Rentämter sofort zu prüfen, die etwa erforderlichen Ergänzungen zu veranlassen und sodann für jede Kategorie die rentamtlichen Verzeichnisse mit ihrem in die einschlägigen Rubriken einzutragenden Gutachten nebst Belegen und mit einer zweifach auszufertigenden Zusammenstellung der Abschlußziffern der Verzeichnisse bis 15. Januar des darauffolgenden Jahres dem unterfertigten Kgl. Staatsministerium vorzulegen.

Diese nach anliegendem Formulare*) zu fertigende Zusammenstellung hat für jedes Rentamt die Anzahl der laufenden Nummern, die Gesamtsumme der Bodenzinsschuldigkeit, die von dem Rentamte und der Regierungsfinanzkammer zum Nachlasse begutachteteten Beträge und außerdem die Rubriken für die vom unterfertigten Staatsministerium zu genehmigenden Nachlaßbeträge zu enthalten. Die angeführten Ziffern (sohin einschließlich der Nummernzahl der Gesuche und einschließlich der Gesamtschuldigkeiten) sind am Schlusse der Zusammenstellung für die sämtlichen Rentämter zu summieren.

Die drei Zusammenstellungen nebst Duplikaten, Verzeichnissen und Belegen können einzeln oder mit gemeinsamen Berichte vorgelegt werden; jedenfalls sind aber stets die einschlägigen Verzeichnisse sämtlicher beteiligter Aemter vorzulegen.

5. Nach erfolgter Verbescheidung der Gesuche durch das unterfertigte Kgl. Staatsministerium wird das eine Exemplar der Zusammenstellung nebst den Verzeichnissen rc. zurückgegeben, während das zweite Exemplar bei den Ministerialakten verbleibt. Die Regierungsfinanzkammer hat hierauf die Verzeichnisse den Rentämtern gegen Wiedervorlage behufs Einstellung der genehmigten Nachlaßbeträge in die Verzeichnis-Entwürfe hinauszugeben.

6. In den Fällen, in welchen die Nachlaßgesuche auf die Bestimmung in Art. 25 Abs. 2 des Gesetzes sich stützen (Wegfall oder wesentliche Entwertung belasteter Rechte), sind die Pflichtigen zur Erklärung aufzufordern, ob sie nicht vorziehen, die Bodenzinse ganz oder teilweise mit einem ermäßigten Kapitalsbetrage abzulösen;

*) Siehe Anhang, Formular Nr. 2 S. 67.

bezügliche Angebote sind in der Bemerkungsrubrik behufs weiterer Verfügung vorzumerken.

7. Vorstehende Bekanntmachung ist in den Kreisamtsblättern zu veröffentlichen.

Anlage Nr. 6

Bekanntmachung des Kgl. Staatsministeriums der Finanzen vom 3. Februar 1900,

den Vollzug des Art. 25 des Gesetzes über die Fortsetzung der Grundentlastung vom 2. Februar 1898 betr.

(FMBl. 1900 S. 119.)

Durch Art. 2 des Gesetzes vom 12. Dezember 1899, die Fortsetzung der Grundentlastung betr., (GVBl. S. 1003) hat Art. 25 des Gesetzes gleichen Betreffs vom 2. Februar 1898 einige Aenderungen erfahren.

1. Zunächst erhielt der Abs. 1 desselben eine neue Fassung, welche sich von der früheren dadurch unterscheidet, daß die Worte „nicht durch eigenes Verschulden herbeigeführter" gestrichen wurden. Ueber die Bedeutung dieses Abstriches geben die KAVhdl. vom 19. Oktober 1899 (StenBer. Bd. I S. 181, 183 und 185) und die KRRVhdl. vom 4. November 1899 (Prot.-Bd. I S. 14 und 15) entsprechenden Aufschluß. Da das Kgl. Staatsministerium der Finanzen zur Gewährung von Bodenzins-Nachlässen nicht verpflichtet, sondern nur ermächtigt ist, können auch fernerhin — es ist dies im Landtage ausdrücklich als zutreffend anerkannt worden — Nachlaßgesuche in Fällen zurückgewiesen werden, in welchen der Gesuchsteller selbst die Wertsminderung der belasteten Objekte herbeigeführt, für diese Wertsminderung Entschädigung erhalten, gleichwohl aber letztere nicht zur Ablösung eines verhältnismäßigen Teiles des Bodenzinses verwendet hat. Solche Fälle sind z. B. bei dem Verkaufe der Wasserkraft einer Mühle, bei der Ausbeutung einer mit Bodenzinsen belasteten Kies-, Lehm- oder Sandgrube, eines Torfstiches oder Steinbruches rc. gegeben. Bei der Instruierung der Nachlaßgesuche ist daher auch fernerhin auf solche Verhältnisse Rücksicht zu nehmen. In den der Bekanntmachung vom 28. September 1899 (FMBl. S. 207) beigegebenen Formularien haben bezüglich der Gesuche nach Kategorie II (cf. die Erläuterungen unter Ziff. 1 zur Anlage I) künftig die Worte „nicht durch eigenes Verschulden herbeigeführter" wegzubleiben.

2. Durch den dem Art. 25 des Gesetzes vom 2. Februar 1898 neu beigefügten Abs. 5 wurde das Kgl. Staatsministerium der Finanzen ermächtigt, auch in anderen als den in Art. 25 Abs. 2 bezeichneten Fällen mit den Grundgefälls-Pflichtigen eine Ablösung auf einen geringeren Kapitalsbetrag zu vereinbaren.

Derartige Ablösungen bieten für die Bodenzinspflichtigen besondere Vorteile. Denn der Nachlaß an der jährlichen Schuldigkeit ist seiner Natur nach wandelbar und kann bei Veräußerungen ziffermäßig nicht in kapitalisierter Form zum Ansatz gebracht werden; der Käufer wird daher dem Verkäufer ohne Rücksicht auf etwaige jährliche Nachlässe in der Regel die ganze buchmäßige Restschuld des Bodenzinskapitales abziehen. Hat dagegen eine Ablösung zu einem geringeren Kapitalsbetrage stattgefunden, so kommt die Kapitalsminderung ganz dem verkaufenden Anwesensbesitzer zugute.

Aber auch im allgemeinen Interesse erscheint es erwünscht, daß möglichst viele Ablösungen stattfinden, da infolge der Verminderung der Zahl der Bodenszinspflichtigen der Vollzug des Grundentlastungsgesetzes vereinfacht und die Durchführung der mit der Bildung des Amortisationsfonds (Art. 11 des Gesetzes vom 2. Februar 1898) verfolgten Absicht insoferne beschleunigt wird, als der Amortisationsfond um so früher die zur gänzlichen Beseitigung der Staatskasse-Bodenzinse erforderliche Höhe erreicht, je mehr Bodenzinspflichtige vorher ausgeschieden sind.

3. In den Motiven zum Entwurfe des Gesetzes vom 12. Dezember v. Js. ist hervorgehoben, daß sich die Fälle einer unverhältnismäßig hohen Belastung des Grundbesitzes mit Bodenzinsen und hievon wiederum diejenigen Fälle, in welchen infolge elementarer Ereignisse und Einflüsse Grundstücke teilweise vernichtet wurden oder nicht mehr anbauwürdig oder erheblich unter die normale Ertragsfähigkeit gesunken sind, vorzugsweise zur Herbeiführung von Vereinbarungen über Ablösung auf einen geringeren Kapitalsbetrag eignen.

Die Gewährung von Kapitalsnachlässen bei freiwilligen Ablösungen ist aber auch in anderen Fällen, in denen die Staatsinteressen oder die Verhältnisse der Pflichtigen dafür sprechen, zulässig und es empfiehlt sich namentlich auf diesem Wege auch auf die Beseitigung einer größeren Anzahl von unbedeutenden Bodenzinsen hinzuwirken, da die jährliche Entrichtung und Einhebung solcher Bodenzinse sowohl den Pflichtigen als den Behörden nicht selten einen unverhältnismäßigen Aufwand an Zeit und Mühe verursacht.

4. Die Höhe der zu gewährenden Kapitalsnachlässe hat sich in jedem einzelnen Falle nach den obwaltenden Verhältnissen zu richten und ist daher im voraus nicht wohl allgemein ziffermäßig zu bezeichnen. Aus der Zweckbestimmung des Gesetzes ergibt sich aber, daß ein möglichst weitgehendes Entgegenkommen in bezug auf Kapitalsnachlässe angezeigt ist. Beispielsweise kann in Fällen, in denen es sich um entwertete Rechte handelt, oder wenn die

Ertragsfähigkeit eines Grundstückes eine dauernde nachteilige Veränderung erlitten hat, ein der Minderung vollentsprechender Kapitalsnachlaß in Aussicht gestellt werden. Besonders ergiebige Kapitalsnachlässe wären ferner zum Beispiele auch am Platze, wenn es sich um die Befestigung der Existenzfähigkeit des Pflichtigen handelt, oder wenn die gleichzeitige Ablösung einer größeren Anzahl von kleineren Bodenzinsen innerhalb ein und derselben Gemeinde herbeigeführt werden kann. In solchen Fällen dürfte außer den Kapitalsnachlässen unter Umständen auch noch die Bewilligung zu fristenweiser Zahlung des Ablösungskapitals gegen Fortentrichtung des verhältnismäßig geminderten Bodenzinses zugesichert werden.

5. Die Kgl. Rentämter haben auf die Verwirklichung der wohlwollenden Absichten des Gesetzes tunlichst hinzuwirken und die Bodenzinspflichtigen durch Vermittlung der Gemeindebehörden auf die Möglichkeit, durch Bezahlung eines ermäßigten Kapitalsbetrages sich dauernd von der Bodenzinslast zu befreien, aufmerksam machen zu lassen. Diejenigen Pflichtigen, welche hievon Gebrauch machen wollen, haben sich entweder bei der Gemeindebehörde oder bei dem Rentamte zu melden und zugleich die Summe zu bezeichnen, welche sie entrichten wollen, wenn ihnen dafür die Bodenzinsschuldigkeit vollständig erlassen wird. Zur Einreichung von Angeboten ist zunächst eine Frist bis 1. Mai l. Js. zu bestimmen; es sind jedoch auch später einkommende Gesuche anzunehmen.

6. Die innerhalb der in Ziff. 5 eröffneten Frist eingereichten Angebote sind vom Rentamte in einem Verzeichnisse nach beiliegendem Formulare zusammenzustellen und nebst diesem Verzeichnisse, in welchem die rentamtlichen Anträge niederzulegen sind, bis 15. Mai l. Js. der Kgl. Regierungsfinanzkammer vorzulegen. Selbstredend ist es nicht ausgeschlossen, daß die Rentämter vor der Anfertigung des Verzeichnisses die betreffenden Bodenzinspflichtigen zur Erhöhung offensichtlich zur Genehmigung sich nicht eignender Angebote zu bestimmen suchen. Die Kgl. Regierungsfinanzkammern haben hierauf in die einschlägigen Rubriken der rentamtlichen Verzeichnisse ihre Anträge einzutragen und sodann die sämtlichen Verzeichnisse nebst Beilagen bis 1. Juni l. Js. dem unterfertigten Kgl. Staatsministerium zur Würdigung und Verfügung in Vorlage zu bringen.

Die Gesuche, welche nach dem 1. Mai angebracht werden, sind mit gesondertem Verzeichnisse bis 15. September l. Js. der Kgl. Regierungsfinanzkammer und von letzterer anher bis 1. Oktober l. Js. vorzulegen. Die noch später, sowie die in den nächsten Jahren einkommenden Angebote sind von der Kgl. Regierungsfinanzkammer alle drei Monate einzubefördern.

Gesuche, deren Erledigung nach Maßgabe der Verhältnisse als dringlich erscheint, sind gesondert in Vorlage zu bringen.

7. Vorstehende Bekanntmachung ist in den Kreisamtsblättern zu veröffentlichen.

Anlage Nr. 7

Entschließung des Kgl. Staatsministeriums der Finanzen vom 9. März 1899,

den Vollzug des Gesetzes über die Fortsetzung der Grundentlastung betr.
(FMBl 1899 S. 42.)

Nach Art. 25 des Gesetzes vom 2. Februar 1898, die Fortsetzung der Grundentlastung betreffend, ist das Kgl. Staatsministerium der Finanzen ermächtigt, an den jährlichen Bodenzinsleistungen zur Staats- und zur Ablösungskasse bedürftigen Pflichtigen auf Ansuchen in unverschuldeten Unglücksfällen oder bei unverhältnismäßig hoher, nicht durch eigenes Verschulden herbeigeführter Belastung des Grundbesitzes mit Bodenzinsen einen angemessenen Nachlaß zu gewähren.

Des weiteren ist die Ermächtigung erteilt, Pflichtigen in Fällen, in welchen die begründete Vermutung besteht, daß die Höhe der Grundgefälle mit Rücksicht auf besonders verliehene, inzwischen aber in Wegfall gekommene oder wesentlich entwertete Rechte bemessen war, auf Ansuchen einen angemessenen Nachlaß zu gewähren oder mit den Pflichtigen die Ablösung auf einen geringeren Kapitalsbetrag zu vereinbaren.

Bezüglich der rechnerischen Behandlung der Nachlässe, die auf Grund vorstehender Bestimmungen bewilligt werden, wird im Interesse einer gleichmäßigen Behandlung Nachstehendes verfügt:

1. Bezüglich der Behandlung der Nachlässe an den jährlichen Leistungen ist zu unterscheiden

a) zwischen jenen Nachlässen, die noch in der Rechnung des Jahres, für welches sie bewilligt sind, behandelt werden können, und

b) jenen Nachlässen, die erst in der Rechnung des nachfolgenden Jahres zur Durchführung gelangen.

2. Die unter lit. a fallenden Nachlässe an den jährlichen Bodenzinsleistungen sind in der gleichen Weise, wie die Nachlässe, welche auf Grund nachgewiesener Uneinbringlichkeit im Vollstreckungsverfahren sich ergeben, in den rentamtlichen Kurrentlibellen — Staatsfonds-Nebenrechnung Ziff. X und bzw. Ablösungskassa-Libell des laufenden Jahres — zu behandeln. Hiebei genügt jedoch in letzteren der summarische Vortrag der bewilligten Gesamt-Nachlaßsummen, nachdem das Detail der Nachlässe bereits in den

durch die Ministerial-Bekanntmachung vom 25. März 1898 (FMBl. S. 171) angeordneten Verzeichnissen ausgewiesen ist.

Da Ausfertigungen dieser Verzeichnisse ohnehin bei den Regierungsakten sich befinden, erscheint deren Beigabe als Rechnungsbelege oder remittierliche Belege seitens des Rentamtes nicht veranlaßt. Zur rechnungsmäßigen Begründung der Nachlaßführung genügt vielmehr die Beigabe der einzelnen Genehmigungs-Entschließungen.

Soweit die nachgelassenen Bodenzinsbeträge bereits zur Einzahlung gelangt waren, ist seitens der einzelnen Pflichtigen die nachträglich erfolgte Rückvergütung unterschriftlich zu bestätigen, während diejenigen Pflichtigen, die im Zeitpunkte der Bekanntgabe des Nachlasses ihre Schuldigkeit noch nicht entrichtet hatten, lediglich anzuerkennen haben, daß ihnen der Betrag des genehmigten Bodenzins-Nachlasses bekanntgegeben wurde. Bei der späteren Einzahlung des Bodenzinsrestes erscheint seitens des Pflichtigen eine weitere Bestätigung, daß er tatsächlich nur den abgeminderten Bodenzins entrichtet hat, nicht veranlaßt; es genügt vielmehr zum Nachweise der nicht erfolgten Einzahlung des nachgelassenen Betrages die für die Libelle ohnehin bereits vorgeschriebene Bestätigung auf Dienstpflicht, daß die als Nachlässe behandelten Beträge wirklich nicht zur Einhebung gelangt sind.

Die vorstehend angeordneten Rückvergütungen und Eröffnungen haben in Form gemeindeweiser Uebersichten zu erfolgen, für welche das beigefügte Formular*) zu verwenden ist. Der erste Bedarf für die bezüglichen Verzeichnisse ist den Rentämtern durch die Regierungen zur Verfügung zu stellen.

Die bestätigten Verzeichnisse haben mit den Libellen als remittierliche Belege in Vorlage zu kommen.

3. Soweit die vom Ministerium genehmigten Nachlässe an den jährlichen Bodenzinsleistungen erst in den Rechnungen des nachfolgenden Jahres zur Behandlung gelangen, ist die rechnerische Behandlung eine verschiedene, je nachdem die Bodenzinsbeträge, welche zum Nachlasse genehmigt wurden, bereits einbezahlt waren, oder noch im Rückstande sich befinden.

In letzterem Falle sind die nachgelassenen Bodenzinsbeträge in gleicher Weise, wie die Nachlässe, welche sich im Vollstreckungsverfahren ergeben, durch das Vorjahrslibell außer Soll zu bringen.

Dagegen sind diejenigen Nachlaßbeträge, welche bereits zur Einzahlung gelangt waren, auf den Bestand der Vorjahre und zwar auf die Position „Rechnungsberichtigungen und Rückersätze“ effektiv zu verausgaben. Zum Nachweise der erfolgten Rückvergütung der nachgelassenen Beträge sind die Rückvergütungs-

*) Nicht mit abgedruckt!

verzeichnisse (Ziff. 2 Abs. 3 der gegenwärtigen Entschließung) als wirkliche Rechnungsbelege beizugeben.

Im Uebrigen bemißt sich die weitere Sachbehandlung nach den in Ziff. 2 der gegenwärtigen Entschließung getroffenen Anordnungen. Namentlich darf auch in den unter Ziff. 3 Abs. 2 und 3 berührten Fällen von einem detaillierten Ausweise der nachgelassenen Beträge in den einschlägigen Nebenrechnungen Umgang genommen werden.

4. Die auf Grund des Art. 25 Abs. 2 des Gesetzes vom 2. Februar 1898 bewilligten Nachlässe am Ablösungskapitale sind, soweit es sich um Bodenzinse zur Staatskasse handelt, dem Staatsgüterkaufschillingsfond aus der in Art. 25 Abs. 4 dieses Gesetzes zur Gewährung von Nachlässen bewilligten Gesamtsumme von 500 000 Mk. zu vergüten, so daß in den Staatsgüterveräußerungsrechnungen stets das volle Ablösungskapital zu vereinnahmen ist.

Hiebei ist jedoch darauf Bedacht zu nehmen, daß vom Jahre 1903 an gemäß Art. 25 Abs. 3 des Gesetzes vom 2. Februar 1898 zum teilweisen Ersatze der nachgelassenen Kapitalsbeträge die nach Art. 12 Abs. 2 dieses Gesetzes sich berechnenden Quoten aus dem Amortisationsfond zu verwenden sind, und daß hienach von diesem Zeitpunkte ab nur mehr die um diese Quote gekürzten Staatszuschüsse zum Ablösungskapitale der in Art. 25 Abs. 4 bewilligten Nachlaßsumme von 500 000 Mk. zur Last fallen.

Die auf letztere Summe entfallenden Zuschüsse aus der Staatskasse sind — in gleicher Weise wie dies in Ziff. 6 der Ministerialbekanntmachung vom 5. Februar 1898 (FMBl. S. 33) und bzw. in Lit. D der Ministerialentschließung vom 16. November 1898 (FMBl. S. 552) bezüglich der Zuschüsse aus dem Amortisationsfond angeordnet ist — in den tabellarischen Protokollen und Ablösungsverzeichnissen gesondert ersichtlich zu machen.

Die ausgabliche Verrechnung der auf die Nachlaßsumme von 500 000 Mk. treffenden Zuschüsse zu den Ablösungskapitalien hat in der Weise zu erfolgen, daß die am Ablösungskapitale gewährten Nachlässe — bis zum Jahre 1902 in ihrer vollen Höhe, vom Jahre 1903 an aber in der um den Beitrag aus dem Amortisationsfond gekürzten Summe — am Schlusse des Libells (Staatsfondsnebenrechnung Ziff. X) summarisch bei den Nachlässen zugesetzt und in der rentamtlichen Staatsfonds-Hauptrechnung — unter geeigneter Darstellung des Sachverhältnisses in der Bemerkungsrubrik — an der effektiven Einnahme an Bodenzinsen bei der betreffenden Gefällsgattung gekürzt werden.

Selbstverständlich hat der Kgl. Rentamtmann ungeachtet dieser Kürzung die Tantieme aus der vollen perzipierten und verrechneten

Bodenzinseinnahme zu erhalten, während bezüglich des Ablösungskapitales die Tantieme nur aus der wirklichen Einzahlung des Pflichtigen berechnet werden kann.

Die im Falle der Einräumung eines geringeren Ablösungskapitales zugestandenen Nachlässe an den Zinsraten sind nach Maßgabe der in Ziff. 2 der gegenwärtigen Entschließung getroffenen Anordnungen zu behandeln und hienach durch die einschlägigen Libelle zur Abschreibung zu bringen.

5. Die Vergütungen, welche von der Staatskasse auf Grund des Art. 25 Abs. 3 des Gesetzes vom 2. Februar 1898 für die Nachlässe an Bodenzins- und Kapitalsbeträgen zur Ablösungskasse zu leisten sind, werden unmittelbar bei der Berechnung der Dotation für die Grundrentenschuld Berücksichtigung finden, so daß die Rentämter mit der rechnerischen Behandlung dieser Vergütungen nicht weiter befaßt sind.

Als effektive Einnahme kommen hienach für die rentamtlichen Ablösungskasserechnungen lediglich die wirklichen Leistungen der Pflichtigen in Betracht, die — soweit mit den Pflichtigen die Ablösung auf einen geringeren Kapitalsbetrag vereinbart wurde — gleichzeitig auch die Solleinnahme für die rentamtlichen Ablösungskasserechnungen bilden.

Die in letzterem Falle zugestandenen Nachlässe an den Zinsraten zur Ablösungskasse sind in gleicher Weise wie die Nachlässe an den fortlaufenden Jahresbodenzinsen zu behandeln (vgl. Ziff. 4 Abs. 6 der gegenwärtigen Entschließung).

Zum Schlusse wird bei dieser Gelegenheit darauf aufmerksam gemacht, daß eine Durchführung der auf Grund des Art. 1 des Gesetzes vom 2. Februar 1898 von den Privaten, Stiftungen oder Gemeinden neu übernommenen Bodenzinse in der Nachweisung der neu erworbenen Renten — Nebenrechnung VI zu den rentamtlichen Staatsgüterveräußerungsrechnungen — nicht veranlaßt erscheint, und daß andererseits in der Nachweisung der veräußerten Renten — Nebenrechnung IV zu den rentamtlichen Staatsgüterveräußerungsrechnungen — als Zins des Ablösungsschillings statt des 4%igen Betrages künftig nur mehr der $3^1/_2$%ige Betrag des Ablösungskapitals auszuweisen ist.

Anlage Nr. 8

Entschließung des Kgl. Staatsministeriums der Finanzen vom 18. März 1902,

den Vollzug des Gesetzes über die Fortsetzung der Grundentlastung betr. (FMBl. 1902 S. 103.)

Gemäß Ziff. 4 Abs. 4 der FMEntschl. vom 9. März 1899 (FMBl. S. 45) sind die Zuschüsse, welche auf Rechnung der budgetmäßigen Nachlaßsumme von 500000 Mk. zu den Ablösungskapitalien geleistet werden, am Schlusse des Libells (Staatsfonds-Nebenrechnung X) summarisch bei den Nachlässen zuzusetzen und in der rentamtlichen Staatsfonds-Hauptrechnung an der effektiven Einnahme an Bodenzinsen bei der betreffenden Gefällsgattung zu kürzen.

Da die Möglichkeit nicht ausgeschlossen ist, daß bei einem Amt der hienach zu kürzende Nachlaßbetrag die effektive Jahreseinnahme an Bodenzinsen übersteigt, wird hiemit verfügt, daß in Fällen dieser Art der Gesamtbetrag der staatlichen Zuschüsse zu den Ablösungskapitalien zur Staatskasse — unter geeigneter Darlegung des Sachverhaltes — in der rentamtlichen Staatsfonds-Hauptrechnung an der Summe der Einnahmen (Teil I) gekürzt und bei dem Vortrage der Grundgefälle (Ziff. XVII) auf diese Kürzung verwiesen wird. In der Kreisfinanzrechnung ist selbstverständlich diese Kürzung bei der einschlägigen Gefällsgattung effektiv zu vollziehen.

Im übrigen hat es auch für Fälle dieser Art — insbesondere was den Vortrag der Nachlässe in den Libellen anlangt — bei den in der Ministerialentschließung vom 9. März 1899 getroffenen Anordnungen sein Verbleiben.

II. Formulare.

Formular Nr. 1.

E.-Nr. ....

Betreff:

Gesuch de ....

H.-No. ...... in .... Gemeinde

.... um Nachlaß an der

Bodenzinsschuldigkeit pro 190

Eingelaufen beim k. Amtsgerichte
am 190
unter der Nr. ....

B. k. Hd. gegen baldgefällige Rückleitung

an das k. Amtsgericht . . . . . .

mit dem ergebensten Ersuchen um spezifizierte Bekanntgabe der auf dem obenbezeichneten Anwesen lastenden Hypothekschulden. Auch wolle mitgeteilt werden, ob das Anwesen beschlagnahmt ist und ob die einzelnen Posten verzinslich sind. Bei Annuitätendarlehen wolle gefälligst auch das Jahr der Schuldaufnahme angegeben werden.

. . . . den 190

K. Rentamt.

....

E.-Nr. ....

Eingelaufen beim k. Rentamte
am 190
unter Nr. ....

B. k. Hd. zurück

an das k. Rentamt . . . . . .

mit dem Bemerken, daß das fragliche Anwesen mit nachbezeichneten Hypotheken belastet ist:

Das Anwesen ist $\frac{\text{nicht}}{\text{seit ....}}$ beschlagnahmt.

................................., den 190

K. Amtsgericht.

....

E.-Nr.

Eingelaufen bei der Gemeinde
am ... 190 ...
unter der Nr. ...

V. k. H. gegen zuverlässige Wiedereinsendung binnen ... Tagen

an die ... =Gemeindeverwaltung ...

mit dem Auftrage, die nachbezeichneten Fragen nach Einvernahme des Gesuchstellers wahrheitsgetreu und zuverlässig zu beantworten. In der Beantwortung der Fragen ist die pflichtgemäße Ueberzeugung des Gemeindevorstandes zum Ausdruck zu bringen; der Gemeindevorstand hat nicht bloß die Angaben des Gesuchstellers wiederzugeben, ohne sie auf ihre Richtigkeit zu prüfen.

...... den ... 190

K. Rentamt.

...

Betreff: siehe oben.

1. Welches ist die Art und der Umfang, sowie der Zeitpunkt des Unglücksfalles, auf Grund dessen um Bodenzinsnachlaß gebeten wird?	
2. Wie viel betragen — in Ziffern ausgedrückt — der Schaden bezw. die Auslagen, welche dem Gesuchsteller durch den Unglücksfall erwachsen sind?	
3. Hat der Gesuchsteller anläßlich des Unglücksfalles eine Versicherungs- oder eine andere Entschädigung erhalten oder zu beanspruchen und in welcher Höhe?	
4. In welchem Zustande befindet sich das Anwesen des Gesuchstellers?	
5. Wie viel Vieh hat der Gesuchsteller im Stalle oder auf dem Hofe?	... Pferde, ... Füllen, ... Ochsen, ... Kühe, ... Jungrinder, ... Kälber, ... Schafe, ... Schweine, ... Frischlinge, ... Ziegen, ... Gänse, ... Enten, ... Hühner.
6. Welchen Wert hat das ganze Anwesen, also einschließlich des Wertes der Grundstücke, mit samt dem dazu gehörigen Inventar?	

7. Hat der Gesuchsteller außer dem Anwesen noch sonstiges Vermögen, insbesondere Forderungen oder Kapitalvermögen? und zwar wie viel?	
8. Wie viel Kurrentschulden hat der Gesuchsteller? (Hier sind die Beträge einzeln und unter Angabe der Gläubiger und des Zinsfußes vorzutragen.	
9. Sind unter den auf der ersten Seite vom k. Amtsgerichte konstatierten Hypotheken solche, die bereits zurückbezahlt sind? oder sind etwa die daselbst konstatierten Austragsreichnisse löschungsreif, weil die Berechtigten nicht mehr leben?	
10. Wie viel Zinsen zahlt der Gesuchsteller tatsächlich von seinen Hypothekenschulden?	
11. Hat der Gesuchsteller noch anderes als das aus der Bewirtschaftung seines Anwesens erzielte Einkommen? und auf welchen Betrag beziffert sich dieses Einkommen?	
12. a) Für wie viel Personen hat der Gesuchsteller zu sorgen? b) Und wie viel Dienstboten sind unter diesen Personen?	a) b)
13. Welcher Betrag soll von dem Jahresbodenzins zu insgesamt ...... ℳ ₰ nach dem Gutachten der Gemeindeverwaltung nachgelassen werden?	
14. a) Hält die Gemeinde den Bodenzins für unverhältnismäßig hoch? b) Woher kommt es nach Anschauung der Gemeindeverwaltung, daß die Bodenzinse im Vergleiche zum Werte und Ertrage des belasteten Grundbesitzes so hoch sind? c) Ist das Erträgnis etwa gegen früher zurückgegangen? d) Trifft den Gesuchsteller hieran eine Schuld? e) Hat er z. B. den Grundbesitz unwirtschaftlich behandelt oder ausgebeutet oder hat er die besten Teile seines Besitzes bodenzinsfrei wegverkauft?	a) b) c) d) e)

15. a) Ist der Gesuchsteller nach dem Gutachten der Gemeindeverwaltung nicht oder nur sehr schwer in der Lage, seinen Bodenzins für das laufende Jahr aufzubringen?	a)
b) Vorausgesetzt, daß sich das Gesuch überhaupt zur Berücksichtigung eignet, in welche der folgenden 3 Klassen würde die Gemeindeverwaltung den Gesuchsteller einreihen? Klasse 1. Kann nicht gerade leicht zahlen. Klasse 2. Ist in bedürftigen Verhältnissen. Klasse 3. Ist höchst bedürftig.	b) In der Klasse
c) Werden die Gemeindeumlagen ordentlich bezahlt?	c)

E.-Nr.

Eingelaufen beim k. Rentamte

am 190

unter der Nr. ....

Von k. H. in Erledigung des übenstehenden Auftrages unter Bestätigung der Richtigkeit und Vollständigkeit der vorstehenden Angaben zurück

an das k. Rentamt . . . . . .

...., den ....

Die .... Gemeindeverwaltung.

(L. S.) ....

Rentamtliche Konstatierungen.

1. Tag des Einlaufes des Gesuches?	
2. Aus welchen Jahresbeträgen bezahlt der Gesuchsteller Einkommen-, Kapitalrenten- oder Gewerbesteuer?	
3. Ist das Zahlungsunvermögen des Gesuchstellers etwa amtsbekannt?	
4. Bestehen gegen die gemeindlichen Angaben insbesondere hinsichtlich des angegebenen Anwesenswertes Bedenken?	

Rentamtliche Verfügung.

Nachdem das vorbehandelte Gesuch in das betreffende Verzeichnis eingestellt worden ist, ist die obenbezeichnete rentamtliche Einlauf-Nummer im rentamtlichen Einlaufjournal ad acta zu löschen.

. . . . . . den 190

K. Rentamt.

(L. S.) ....

Formular Nr. 2.

Verzeichnis der Gesuche um Bodenzinsnachlaß.

Laufende Nummer	Name und Wohnort (Haus-Nr.) Steuer-Gemeinde des Gesuchstellers	Größe des gesamten Besitzstandes im Rentamtsbezirke		Jährliche Grundsteuer vom gesamten Besitzstande im Rentamtsbezirke		Gesamte (ermäßigte) Bodenzins-Schuldigkeit				Aeußerungen des Rentamts über die für die Würdigung des Gesuches maßgebenden tatsächlichen Verhältnisse. a) Petitum, *a)* Höhe des Schadens, *b)* Entschädigung, b) Anwesenswert mitsamt Inventar, c) Hypothekschulden, d) Currentschulden, e) Jahresverdienst aus Gewerben 2c. und sonstiges Vermögen, f) Anzahl der Personen, für welche Gesuchsteller zu sorgen hat, g) Anzahl der unter f) enthaltenen Dienstboten, h) Viehstand, i) Befürwortet die Gemeinde das Gesuch?
						Staatskasse		Ablösungskasse		
1	2	3		4		5		6		7
		ha	ar	ℳ	₰	ℳ	₰	ℳ	₰	

Vom Rentamte zum Nachlasse begutachtet				Von der Regierungsfinanzkammer zum Nachlasse begutachtet				Vom Staats-Ministerium der Finanzen zum Nachlasse genehmigt				Bemerkungen	Beleg-Nummer
Staatskasse		Ablösungskasse		Staatskasse		Ablösungskasse		Staatskasse		Ablösungskasse			
8		9		10		11		12		13		14	15
ℳ	₰	ℳ	₰	ℳ	₰	ℳ	₰	ℳ	₰	ℳ	₰		

Formular Nr. 3.

Verzeichnis

des k. Rentamts ....

über

die nach Art. 25 des Gesetzes vom 2. Februar 1898, die Fortsetzung der Grundentlastung betreffend bezw. Art. 2 Ziff. II des Gesetzes vom 12. Dezember 1899 gemachten Angebote der Bodenzins-Pflichtigen auf Kapitals-Ablösung.

Formular Nr. 3.

Laufende Nummer	Namen und Wohnort (Hausnummer, Steuergemeinde) des Pflichtigen	Gesamte (ermäßigte) Bodenzinsschuldigkeit				Ablösungsschuldigkeit				Vom Pflichtigen angebotener Kapitals-Ablösungsbetrag
		Staatskasse		Ablösungskasse		Staatskasse		Ablösungskasse		
		ℳ	₰	ℳ	₰	ℳ	₰	ℳ	₰	

Gutachten und Antrag des k. Rentamts	Antrag der k. Regierungsfinanzkammer	Vom k. Staatsministerium der Finanzen genehmigter bezw. geforderter Ablösungsbetrag		Bemerkungen
		ℳ	₰	

Formular Nr. 4.

Verzeichnis

der nach Art. 25 des Gesetzes vom $\frac{\text{2. Februar 1899}}{\text{12. Dezember 1899}}$ erfolgten Bodenzinsablösungen und der nachzulassenden Kapitals- und Zinsraten-Beträge.

Formular Nr. 4.

Nr. curr.	Rentamt	Name und Wohnort (Hausnummer) des Pflichtigen	Ermäßigte Bodenzinsschuldigkeit zur				Ablösungsschuldigkeit zur				Tag der Ablösung bezw. Einzahlung
			Staatskasse		Ablösungskasse		Staatskasse		Ablösungskasse		
			ℳ	₰	ℳ	₰	ℳ	₰	ℳ	₰	

Erfüllung der Ablösungsschuldigkeit zur										Zinsraten vom letzten Verfalltermin bis zum Tage der Ablösung								Bemerkungen
Staatskasse						Ablösungskasse				Schuldigkeit		hievon bezahlt		Nachzulassender Betrag				
Barzahlung		Quote d. Amortisationsfonds		Nachlaß		Barzahlung		Nachlaß						Staatskasse		Ablösungskasse		
ℳ	₰	ℳ	₰	ℳ	₰	ℳ	₰	ℳ	₰	ℳ		ℳ	₰	ℳ	₰	ℳ	₰	

Formular Nr. 5.

Übersicht

über

den Stand der Bodenzinskapitalien

zur

Staatskasse.

Formular Nr. 5.

Vortrag	Meierschaftsfristen				Ältere Lehnbodenzinse und zwar a) steuerbeitragspflichtige b) steuerbeitragsfreie			
1	2				3			
	Kapital		Zins		Kapital		Zins	
	M.	Pf.	M.	Pf.	M.	Pf.	M.	Pf.

Ältere Handlohns-Bodenzinse				Übrige ständige ältere Grundgefälle				Neuere Grundgefälle				Summa			
4				5				6				7			
Kapital		Zins		Kapital		Zins		Kapital		Zins		Kapital		Zins	
M.	Pf.	M.	Pf.	M.	Pf.	M.	Pf.	M.	Pf.	M.	Pf.	M.	Pf.	M.	Pf.

Regierungsbezirk .... **Formular Nr. 6.**

Zusammenstellung

der im Jahre 190..........

abgelösten

Bodenzinskapitalien zur Staatskasse.

Formular Nr. 6.

Nr. curr.	Rentamt	Abgelöste Bodenzinskapitalien					
		Freiwillige Ablösungen		Zwangsweise Ablösungen			Summe der abgelösten Bodenzinskapitalien (Rubr. 3—7)
		nach Art. 12 des Ges. v. 2. Febr. 1898	nach Art. 25 des Ges. v. 2. Febr. 1898	nach Art. 19 des Ges. v. 2. Febr. 1898	nach Art. 21 des Ges. v. 2. Febr. 1898	nach Art. 15 Abs. I des Ges. v. 28. Apr. 1872	
1	2	3	4	5	6	7	8
		ℳ. ₰.	ℳ. ₰.	ℳ. ₰.	ℳ. ₰.	ℳ. ₰.	ℳ. ₰.

Ausweis der abgelösten Bodenzinskapitalien				Stand der Bodenzinskapitalien zur Staatskasse am Ende des Jahres 190..	*) Bemerkungen
	Nachlaß				
Barzahlung	nach Art. 12 des Ges. v. 2. Febr. 1898	nach Art. 25 des Ges. v. 2. Febr. 1898	Summe der abgelösten Bodenzinskapitalien (Rubr. 9—11)		
9	10	11	12	13	14
ℳ. ₰.	ℳ. ₰.	ℳ. ₰.	ℳ. ₰.	ℳ. ₰.	

*) Rubrik 13 muß mit dem Abschlusse der StFNR. (= Staatsfondsnebenrechnung) XV und mit Rubrik 7 des Formulars Nr. 5 übereinstimmen.

Regierungsbezirk .... **Formular Nr. 7.**

Zusammenstellung

der

im Jahre 190...........

abgelösten

Restergänzungen der Ablösungskassa.

Formular Nr. 7.

Nr. curr.	Rentamt	Abgelöste Restergänzungen											
		Freiwillige Ablösungen				Zwangsweise Ablösungen						Summe der abgelösten Restergänzungen (Rubr. 3—7)	
		nach Art. 16 des Ges. v. 2. Febr. 1898		nach Art. 25 des Ges. v. 2. Febr. 1898		nach Art. 19 des Ges. v. 2. Febr. 1898		nach Art. 21 des Ges. v. 2 Febr. 1898		nach Art. 15 Abs. I des Ges. v. 28. April 1872			
1	2	3		4		5		6		7		8	
		M.	₰	M.	₰	M.	₰	M.	₰	M.	₰	M.	₰

Ausweis der abgelösten Restergänzungen								Stand der Restergänzungen*) zur Ablösungskasse am Ende des Jahres 190		Bemerkungen
Barzahlung		Nachlaß				Summe der abgelösten Restergänzungen (Rubr. 9—11)				
		nach Art. 16 des Ges. v. 2. Febr. 1898		nach Art. 25 des Ges. v. 2. Febr. 1898						
9		10		11		12		13		14
M.	₰	M.	₰	M.	₰	M.	₰	M.	₰	

*) Sind nach der jeweiligen Tabelle zu berechnen.

I. Gesetz, die Fortsetzung der Grundentlastung betreffend.

Im Namen Seiner Majestät des Königs. Luitpold, von Gottes Gnaden Königlicher Prinz von Bayern, Regent.

Wir haben nach Vernehmung des Staatsrats mit Beirat und Zustimmung der Kammer der Reichsräte und der Kammer der Abgeordneten beschlossen und verordnen, was folgt:

Einziger Artikel.

Das Gesetz vom 2. Februar 1898, die Fortsetzung der Grundentlastung betreffend (Gesetz- und Verordnungs-Blatt 1898 S. 19 ff.), wird in nachstehender Weise abgeändert und ergänzt:

1. Dem Artikel 11 wird nachstehender Abs. 3 angefügt:

   Beginnend vom Jahre 1908 an ist dieser Fonds durch jährliche Zuschüsse von gleicher Höhe so zu verstärken, daß er bei Zugrundelegung eines $3^1/_2$ prozentigen Zinsfußes mit Schluß des Jahres 1940 die Höhe der Bodenzinskapitalien erreicht.

2. Abs. 2 des Artikel 12 erhält nachstehende Fassung:

   In einem solchen Falle wird dem Pflichtigen derjenige Betrag zugute gerechnet, welcher dem alljährlich festzustellenden Verhältnisse des Amortisationsfonds zur Gesamtsumme aller noch bestehenden Bodenzinskapitalien entspricht. Hiebei ist dem Amortisationsfonds der kapitalisierte Wert der an ihn nach Artikel 11 Abs. 3 jeweils noch zu leistenden jährlichen Zuschüsse beizurechnen. Die sich hienach ergebenden Beträge werden zur Ergänzung der Ablösungskapitalien dem Amortisationsfonds entnommen.

3. Dem Abs. 1 des Artikel 15 wird nachstehender Satz angefügt:

   Beginnend vom Jahre 1908 an wird dieser Zuschlag insoweit erhöht, daß die Tilgung der Bodenzinse zur Ablösungskasse bis zum Schlusse des Jahres 1940 beendet ist.

4. Im Artikel 15 Abs. 2 werden die Worte: „Vom gleichen Zeitpunkte" durch die Worte: „Vom 1. Januar 1898" und die Jahrzahl „1942" durch die Jahrzahl „1940" ersetzt.

5. Der Abs. 3 des Artikel 15 wird gestrichen.

6. Dem Artikel 19 wird nachstehender Abs. 3 angefügt:

   Von der Verpflichtung zur Ablösung der Bodenzinse nach Abs. 1 und zur Anzeigeerstattung an das Rentamt sind die gemeinnützigen ländlichen Darlehenskassenvereine befreit. Ein Darlehenskassenverein gilt als gemeinnützig nicht, wenn satzungsgemäß die Einzahlungen der Mitglieder mit mehr als fünf vom Hundert verzinst werden oder den Mitgliedern im Falle der Auflösung des Vereins mehr als die Einzahlungen ausgeantwortet wird.

Gegeben zu Hohenschwangau, den 16. August 1908.

II. Berichtigungen und Ergänzungen.

Zu Art. 5 (S. 6):

In Anm. 6 lies statt „Grundrentenablösungsschuldbriefen": Staatsobligationen des Allgemeinen Anlehens.

Zu Art. 6 (S. 7):

Unter II, Anm. 2 ist beizusetzen „Befreiung von Grundbuchseinträgen": vgl. BayAG z. ZBG. Art. 27, Abs. II.

Zu Art. 11 (S. 11):

a) Zusatz zu Art. 11 durch Ges. v. 16. Aug. 1908, die Fortsetzung der Grundentlastung betr. (GVBl. S. 521 f.):

„1. Dem Art. 11 wird nachstehender Abs. 3 angefügt:

Beginnend vom Jahre 1908 an ist dieser Fonds durch jährliche Zuschüsse von gleicher Höhe so zu verstärken, daß er bei Zugrundelegung eines $3^1/_2$ prozentigen Zinsfußes mit Schluß des Jahres 1940 die Höhe der Bodenzinskapitalien erreicht."

b) Anmerkung 1. Abs. IV mit II ist zu streichen. An ihre Stelle treten folgende Bemerkungen:

Der Amortisationsfond war Ende 1907 mit Zins und Zinseszins auf rund $22^1/_2$ Millionen Mark angewachsen. Ohne Zuführung weiterer Mittel würde er erst im Jahre 1964 die Höhe der Bodenzinskapitalien erreichen. Die Staatskassabodenzinse wären also 22 Jahre länger zu entrichten als jene zur Ablösungskassa.

Da die zur Dotierung des Fonds bestimmten Ueberschüsse in Zukunft sehr unsicher sein werden, wurde ein regelmäßiger jährlich gleichbleibender Betrag von 0,935 % der jetzigen Bodenzinskapitalien mit rund 1 468 000 *M* als Zuschuß bestimmt. Bei dieser Leistung erlöschen die Bodenzinse zur Staatskasse im Jahre 1940.

Zu Art. 12 (S. 12):

a) **Aenderung des Art. 12** durch Ges. v. 16. Aug. 1908, die Fortsetzung der Grundentlastung betr. (GVBl. S. 521 f.):

„2. Abs. 2 des Art. 12 erhält nachstehende Fassung:

In einem solchen Falle wird dem Pflichtigen derjenige Betrag zugute gerechnet, welcher dem alljährlich festzustellenden Verhältnisse des Amortisationsfonds zur Gesamtsumme aller noch bestehenden Bodenzinskapitalien entspricht. Hiebei ist dem Amortisationsfonds der kapitalisierte Wert der an ihn nach Artikel 11 Abs. 3 jeweils noch zu leistenden jährlichen Zuschüsse beizurechnen. Die sich hienach ergebenden Beträge werden zur Ergänzung der Ablösungskapitalien dem Amortisationsfonds entnommen."

b) **Anmerkung.** Durch die Novelle wird demjenigen, welcher vor 1940 ablöst, nicht nur der Betrag, welcher bis zum Tage der Ablösung zugeführt ist, sondern auch der kapitalisierte Betrag der künftigen bis zum Schlusse des Jahres 1940 zu leistenden Zuschüsse gut gerechnet. Dadurch erhöht sich der Zuschuß vom 16. August 1908 ab von 15 auf 32% (vgl. FME. v. 25. Aug. 1908 Abs. I, FMBl. S. 106), vom 16. Nov. 1908 ab auf 33% (FMBl. S. 161).

Zu Art. 15 (S. 14):

a) **Aenderung des Art. 15** durch Gesetz vom 16. Aug. 1908, die Fortsetzung der Grundentlastung betr. (GVBl. S. 521 f.):

„3. Dem Absatz 1 des Artikels 15 wird nachstehender Satz angefügt:

Beginnend vom Jahre 1908 an wird dieser Zuschlag insoweit erhöht, daß die Tilgung der Bodenzinse zur Ablösungskasse bis zum Schlusse des Jahres 1940 beendet ist.

4. Im Artikel 15 Abs. 2 werden die Worte: „Vom gleichen Zeitpunkte" durch die Worte: „Vom 1. Januar 1898" und die Jahreszahl „1942" durch die Jahreszahl „1940" ersetzt.

5. Der Abs. 3 des Artikel 15 wird gestrichen."

b) **Anmerkung.** Um das gleichzeitige Erlöschen aller Bodenzinse zur Staats- und Ablösungskassa herbeizuführen und zugleich auch den Pflichtigen letzterer Kasse einige Vorteile zu gewähren, wurde die Amortisationszeit von 1942 auf 1940 herabgesetzt.

Hiedurch ist jedoch eine Verstärkung des Tilgungszuschusses der Staats- an die Ablösungskassa bedingt, derselbe muß von 05, auf 0,61374% erhöht werden (Motive Beilage 548, KABhdl. 1907/08).

Zu Art. 16 (S. 16):

Anmerkung. Der bei freiwilligen Ablösungen zugestandene Nachlaß erhöht sich bis 15. November 1908 von 10,0003 % auf 11,1379604 % des ursprünglichen Bodenzinskapitals d. i. der 3,1822744fache jährliche Bodenzins. Der Nachlaß ab 16. Nov. 1908 ergibt sich aus der der FMBek. vom 27. Okt. 1908 (FMBl. S. 161 ff) beigegebenen Reduktionstabelle.

Zu Art. 18 (S. 17):

a) In **Anm. 2** lies statt „Beiheftung": Vorlage.

b) In **Anm. 7** lies unter 75 ₰ bzw. 77 ₰ (bei den 4½ % Bodenzinsen).

c) Bei **Anm. 6** ist einzuschalten:

Nach neuerer Bestimmung ist die Repartition nur auf besonderen diesbezüglichen Parteiantrag vorzunehmen und mangels eines solchen, auch beim Verkaufe von einzelnen Grundstücken, nur ein Zeugnis über die komplexuale Belastung auszustellen.

Die Repartition darf auch beim Vorliegen eines Antrages nur auf bereits katastermäßig bestehende Grundstücke (Plannummern) nicht auf erst zu vermessende Teile sich erstrecken.

Will der Pflichtige oder Notar die einzelne Belastung erfahren, läßt dies aber die Repartition, Anerkennung und Umschreibung im Gefällskataster nicht mehr ermöglichen, so wird nur ein Komplexualbelastungszeugnis ausgestellt. Es kann aber dem Notar bzw. der Partei die Einzelbelastung vorbehaltlich der Anerkennung der Repartition mitgeteilt werden.

Ebenso ist zu verfahren bei Teilen von Plannummern bezüglich deren ein noch nicht umschreibbares Messungsverzeichnis vorliegt.

Die Anerkennung der Repartition und die Umschreibung im Gefällskataster kann erst nach erfolgter Umschreibung im Grundsteuerkataster erfolgen. Unter allen Umständen muß Belastungszeugnis und Gefällskataster genau übereinstimmen (FME. 22. Aug. 1906 Nr. 20328).

d) Als **Anm. 8** ist einzuschalten:

Unter Verkauf im Sinne des Abs. II fällt auch der Tausch und jedes Veräußerungsgeschäft (Beschl. d. ObLG. v. 7. Juli 1903 Bd. IV S. 960).

e) Als **Anm. 9** ist einzuschalten:

Bezüglich der Erbteilung im Wege der Erbteilsübertragung will Dr. Dennler eine Ausnahme gelten lassen, weil keine Verfügung über ein Grundstück vorliege. Allein abgesehen davon, daß die Rechtsprechung über die Erbengemeinschaft in neuerer Zeit mehr dahin neigt, Anteil der Erben an dem Erbschaftsgegenstande anzunehmen, wäre jedenfalls auch bei der früheren Rechtsauffassung im Sinne des Grundentlastungsgesetzes eine Veräußerung anzunehmen, denn es wäre kein Grund abzusehen, warum das Gesetz, welches den Uebernehmer schützen will, hier eine Ausnahme machen sollte (vgl. Ztschr. f. d. Notariat in Bayern 1905 S. 39).

f) Als **Anm. 10** ist einzuschalten:

Bezüglich der Haftung für die Belastungszeugnisse siehe BayZfR. 1908 S. 329.

Zu Art. 19 (S. 19):

a) **Zusatz zu Art. 19** durch Ges. vom 16. Aug. 1908, die Fortsetzung der Grundentlastung betr (GVBl. S. 521 f):

„6. Dem Artikel wird nachstehender Abs. 3 angefügt:

Von der Verpflichtung zur Ablösung der Bodenzinse nach Abs. 1 und zur Anzeigeerstattung an das Rentamt sind die gemeinnützigen ländlichen Darlehenskassenvereine befreit. Ein Darlehenskassenverein gilt als gemeinnützig nicht, wenn satzungsgemäß die Einzahlungen der Mitglieder mit mehr als fünf vom Hundert verzinst werden oder den Mitgliedern im Falle der Auflösung des Vereins mehr als die Einzahlungen ausgeantwortet wird."

b) **Anmerkung.** Die Darlehenskassenvereine übernehmen vielfach Güterzertrümmerungen, da sie aber hiebei meist in gemeinnütziger Weise handeln, soll die Ablösungspflicht auch bei Erzielung eines mäßigen Gewinnes ausgeschlossen sein. Sobald das Vorwiegen des Gewinnes durch hohe Verzinsung der Einlagen oder Verteilung des Gewinnes an die Mitglieder deutlich zutage tritt, fällt die Vergünstigung weg.

Die Frage, ob mehrere Güterhändler, welche zusammen eine Zertrümmerung vornehmen, nach Anteilen solidarisch dem Staate und dem Käufer haften, läßt sich dahin beantworten, daß beim Mangel einer besonderen diesbezüglichen Bestimmung sich eine Solidarhaft nur entweder aus dem Rechtsverhältnisse der Güterhändler unter sich (Gesellschaft, Handelsgesellschaft) oder aus besonderer Vertragsbestimmung ableiten läßt.

Die Strafe ist gemäß § 97 FGG. gegen jeden voll auszusprechen und für Auslagen im Strafverfahren besteht wie sonst Solidarhaftung.

Ueber einen angeblichen Zwiespalt zwischen der Praxis der Gerichte und des Verwaltungsgerichtshofes handelt ein Aufsatz in der BayZfR. 1908 S. 180.

In Wirklichkeit besteht aber k e i n Zwiespalt; dieser ist nur scheinbar. Beide Instanzen sind in Uebereinstimmung mit dem Verfasser des Artikels der Ansicht, daß die Ablösungspflicht immer dann gegeben, wenn ein Güterhändler im wesentlichen die Zertrümmerungsgeschäfte leitete, gleichviel ob er selbst als Verkäufer auftrat oder einen andern auftreten ließ.

Ob man für dieses Verhältnis den Ausdruck v e r s t e c k t e Teilhaber wie der Verwaltungsgerichtshof wählt, oder sich einer Begriffsbezeichnung enthält wie das ObLG., ist im wesentlichen gleich.

Von Vollmacht aber dürfte man nur dann sprechen können, wenn der Händler selbst im Namen des Dritten auftritt. Der Begriff Vollmacht erfordert im gewöhnlichen Sinne ein Auftreten für einen Anderen. Anders kann dieser Begriff auch nicht im Sinne des Art 19 gefaßt werden.

Die Ehefrau eines Güterhändlers ist als solche nicht ablösungspflichtig, wenn sie nicht am Güterhandel tatsächlich b e t e i l i g t ist.

Noch zu Art. 19 (S. 19):

c) **Nachträge** zu den auf S. 20 ff. mitgeteilten Entscheidungen:

1. Kgl. Bayer. Verwaltungsgerichtshof.

α) In Entsch. Nr. 15 lies statt „S. 167": S. 190.

β) Bei Entsch. Nr. 16 ist einzuschalten:

Solche besondere Umstände können aus einer, wenn auch umfangreichen Vermittlungstätigkeit oder aus einer höheren Provision nicht allein geschlossen werden, wenn der Landwirt sich die Entscheidung vorbehalten hat.

γ) Als Entsch. Nr. 20 ist anzufügen:

Stille Gesellschaft zwischen Güterhändler und Verkäufer im Sinne des Handelsgesetzbuches ist zur Begründung der Ablösungspflicht nicht nötig. Es genügt versteckte Teilhaberschaft (E. v. 16. Okt. 1907; in der Sammlung nicht abgedruckt).

δ) Als Entsch. Nr 21 ist anzufügen:

Eine Zertrümmerung eines landwirtschaftlichen Gutskomplexes durch einen gewerbsmäßigen Händler mit ländlichen Grundstücken ist auch dann anzunehmen, wenn dieser von dem Eigentümer des Anwesens aus die landwirtschaftlichen Grundstücke erwirbt und zertrümmert, während das dazu gehörige Wohn- und Oekonomiegebäude seitens eines Dritten in Vereinbarung mit dem Güterhändler direkt von dem Anwesenseigentümer erworben wird (E. v. 9. Juli 1908 Bd. 29 S. 74).

2. Reichsgericht.

Die Zertrümmerung eines Anwesens im Sinne des Art. 19 liegt auch dann vor, wenn von einem landwirtschaftlichen Anwesen soviel wegverkauft wird, daß die zurückbehaltenen Grundstücke nebst Anwesen nur mehr als Recht angesehen werden können (E. v 20 Dez. 1906 Bd. 39 S. 330).

3. Oberstes Landesgericht.

Ein gewerbsmäßiger Güterhandel kann auch schon beim Erwerbe eines Anwesens zum Zwecke der Zertrümmerung angenommen werden, wenn sich aus den Umständen die Absicht auf Fortsetzung dieser Tätigkeit entnehmen läßt (Beschl. v. 21. Mai 1906, Bd. VII S. 21).

Unrichtigkeit des Inhalts der Anzeige einer Gutszertrümmerung macht nicht strafbar nach Art. 19 (8. Jan 1907 Bd. VII S. 171).

Die Anzeige des Güterhändlers muß vor der Verbriefung erfolgen (22. Febr. 1903 Bd. IV S. 40).

Zu Art. 20 (S. 24).

In **Anm. 3** lies statt „GVBl. 1863“: GVBl. 1883.

Zu Art. 21 (S. 24):

Anmerkung. Wenn bei Bauplätzen diejenigen Voraussetzungen gegeben sind, bei denen die Ablösung zu unterbleiben hat, so ist dies in der Repartition ausdrücklich ersichtlich zu machen.

Zu Art. 23a (S. 29):

In der **letzten Anmerkung** lies statt „vor dem Inkrafttreten“: von dem Inkrafttreten.

Zu Art. 25 (S. 29):

Anmerkung: Als Grundsätze für Ablösungen nach Art. 25 haben zu gelten:

1. Für die Bemessung des Ablösungskapitals ist es gleich, ob der größere Teil der Bodenzinse zur Staats- oder Ablösungskassa geschuldet wird.

2. Bei gemeindeweisen Ablösungen d. h. wenn alle oder doch die überwiegende Mehrzahl der Pflichtigen einer Gemeinde gemeinschaftlich das Ablösungskapital in einer Summe beim Rentamt erlegen, hat der 15fache Betrag der Jahresschuldigkeit (ermäßigter Bodenzins) die Regel zu bilden. Bei sehr wohlhabenden Gemeinden soll bis zum 16fachen hinauf, bei ärmeren Gemeinden bis zum 14fachen Betrage herabgegangen werden.

In Würdigung ist zu ziehen: das Verhältnis des Bodenzinses zur Grundsteuer, die Umlagenbelastung, die wirtschaftliche Lage der Gemeinde und ihrer Glieder, die Verschuldung.

Die Kgl. Rentämter haben wegen Ermittlung dieser Punkte mit den Bezirksämtern bzw. Grundbuchämtern ins Benehmen zu treten. Es kommt nicht auf die Belastung der Einzelanwesen, sondern auf den Schuldenstand im allgemeinen an.

Es ist zu ermitteln, ob die Pflichtigen ausschließlich von der Landwirtschaft leben oder ob sie Gewerbe und Handel treiben, ob ein großer Teil Kapitalrentensteuer bezahlt.

Bei gemeindeweisen Ablösungen genügt in dem Angebotsverzeichnisse die Angabe der Zahl der Pflichtigen und jener der Ablösungswilligen und die Angabe der Grundsteuer und Bodenzinse der Letzteren in Summe.

Bei einzelnen Ablösungen ist der Spielraum natürlich viel weiter. Es kann bei besonderen Verhältnissen (Entwertung von Rechten, dann je nach den Vermögens-, Familien-, Einkommensverhältnissen, nach dem Verhältnis der Belastung zur Steuer) weiter unter den 15fachen Betrag herabgegangen werden. Andererseits kann ein Nachlaß ganz ausgeschlossen sein.

Noch zu **Art. 25** (S. 29):

Nach Festsetzung des Ablösungskapitals durch das Finanzministerium ist den Pflichtigen der geforderte Ablösungsbetrag bekannt zu geben und sind dieselben aufzufordern sich zu erklären, ob sie zur Ablösung bereit sind.

Erfolgt diese Erklärung binnen 6 Wochen nicht vorbehaltlos, so darf das Kgl. Rentamt ohne neuerliche Genehmigung den Ablösungsschilling nicht mehr annehmen.

Außer dem Ablösungskapitale sind die Zinsen vom letzten Verfallstage aus dem vollen Ablösungskapitale bzw. der vollen Restergänzung zu berechnen. Ein Nachlaß hiervon kann bei Einzelablösung gewährt werden, wenn im Vorjahre ein solcher zugebilligt wurde und die Verhältnisse gleichgeblieben sind.

Bei Ablösung sind stets auch etwaige Bodenzinsrückstände mit einzuheben

Die Ablösungssumme ist nach Verhältnis des Bodenzinskapitals zur Restergänzung zwischen Staats- und Ablösungskasse zu teilen.

Wollen sich nachträglich, jedoch noch vor Erlage des Ablösungskapitals, Pflichtige anschließen, so ist dies vorbehaltlich ministerieller Genehmigung zulässig

Ebenso kann bei gemeindeweisen Ablösungen das Angebot angenommen werden, wenn eine geringfügige Anzahl Pflichtiger zurücktritt.

Es ist jedoch diesen Pflichtigen zu eröffnen, daß sie künftig auf einen Nachlaß gleicher Höhe nicht mehr rechnen können (FME. v. 21. Aug. 1906 Nr. 19716).

Die Einzahlung des Ablösungskapitals kann bei gemeindeweisen Ablösungen auch bei dem Kapitalsdarleiher (Bank, Versicherungsanstalt) oder nächsten Filialbank erfolgen und zwar auf das Konto der Kgl. Kreiskassa, zu welcher das betreffende Rentamt gehört. Die Einzahlungen sind als Lieferungen des Kgl. Rentamts an die Kgl. Kreiskassa zu behandeln (FME. v. 29. Juli 1907 Nr 16957).

Bei teilweiser Erlage des Ablösungskapitals sind, abgesehen von dem Falle einer durch das Finanzministerium bewilligten Ratenzahlung, die Teilbeträge einstweilen zu deponieren. Die Berechtigung der Zinsraten hat daher aus dem vollen Bodenzinse bzw. der vollen Restergänzung bis zum Erlagstage der Schlußrate zu erfolgen (FME. v. 5. Aug. 1907 Nr. 37722).

Wenn die Pflichtigen auch Bodenzinse auf Grundstücken außerhalb der Wohnsitzgemeinde haben, so empfiehlt es sich stets, festzustellen, ob auch diese in die Ablösung einbezogen werden sollen.

Soferne mehrere Rentamts- oder Regierungsbezirke in Frage kommen, wäre daran festzuhalten, daß das Rentamt der Wohnsitzgemeinde die Ablösungsverhandlungen im Benehmen mit den einschlägigen Nachbarämtern pflegt, und diese der vorgesetzten Kreisstelle vorlegt.

Die Einweisung der Ablösungsschillinge hat natürlich getrennt zu erfolgen und zwar von den bezüglichen vorgesetzten Regierungsfinanzkammern, welchen zu diesem Zwecke Ablösungsverzeichnisse (Formular 4) getrennt nach einzelnen Rentamtsbezirken vorzulegen wären.

FSC
www.fsc.org
MIX
Papier | Fördert gute Waldnutzung
FSC® C083411

Kolibri 360 GmbH
Ferdinand-Jühlke-Straße 7
99095 Erfurt, Deutschland
produktsicherheit@kolibri360.de